Lebensstil zum Glücklichsein

Was Sie von den heutigen Lifestyle-Trends
mitnehmen sollten

Von Sofie Bakken

Lebensstil zum Glücklichsein

Was Sie von den heutigen Lifestyle-Trends mitnehmen sollten

Sofie Bakken

Sofiebakken.com

Haftungsausschluss:

Obwohl die Autorin alle Anstrengungen unternommen hat, um sicherzustellen, dass die Informationen in diesem Buch zum Zeitpunkt der Drucklegung korrekt waren, übernimmt die Autorin keine Haftung für Verluste, Schäden oder Störungen, die durch Fehler oder Auslassungen verursacht wurden, unabhängig davon, ob diese Fehler oder Auslassungen auf Fahrlässigkeit, Unfälle oder andere Ursachen zurückzuführen sind, und lehnt diese hiermit ab.

Dieses Buch ist nicht als Ersatz für den medizinischen Rat von Ärzten gedacht. Der Leser sollte regelmäßig einen Arzt konsultieren, wenn es um seine Gesundheit geht und insbesondere bei Symptomen, die eine Diagnose oder ärztliche Behandlung erfordern könnten.

Lebensstil zum Glücklichsein
Was Sie von den heutigen Lifestyle-Trends mitnehmen sollten

BN Publishing

© 2021 by Sofie Bakken
Alle Rechte vorbehalten.
ISBN: 978-1-63823-265-0

INHALTSVERZEICHNIS

INHALTSVERZEICHNIS.................. 5
VORWORT 11
EINLEITUNG 13
KAPITEL 1 GLÜCK VERSTEHEN............ 17
    Die verschiedenen Bedeutungen des Lebens 17
    Glück finden.......................... 27
    Gewöhnliches Leben versus sinnvolles Leben
   31
KAPITEL 2 UNTERSCHIEDLICHE LEBENSSTILE AUF DER WELT.................. 35
    Europa 43
        Niksen.................. 45
        Hygge.................. 47
        Friluftsliv................48
        Coorie.................. 50
    Nord-Amerika................ 53
        Cocooning.............. 53
        Augmentierte und programmierte Leben

....55

Kultur der Produktion und des Teilens 55

Resiliente und proaktive Bürger 55

Die Suche nach dem Sinn 56

Südamerika 59

Antarktis 63

Australien... 65

Der Aussie Way of Life 65

Afrika 71

Asien.. 75

Mottainai.. 77

Globale Lebensstile: ein Überblick 83

Leben nach COVID-19 85

Setzen Sie Ihre Prioritäten zurück......... 87

Machen Sie häufig Pausen 87

Hilfe suchen.. 87

Rücksicht nehmen 88

Achten Sie auf sich selbst 88

KAPITEL 3 WAS BESTIMMT IHREN LEBENSSTIL? 89

Ziele... 90

Zuständigkeiten 92

Art der Arbeit 93

Persönlichkeit 94

Lebensbedingungen 95

Satz von Überzeugungen 95

Stärke der Willenskraft 96

Lernen hört nie auf 97

KAPITEL 4 EINIGE GEWOHNHEITEN ZUR STEIGERUNG DES GLÜCKS 101

Übung 104

Verbringen Sie Zeit mit der Natur 106

Viel lächeln 107

Produktiv bleiben 108

Gesundes Essen essen 110

Sozialisieren 112

Ausreichend Schlaf 114

Weniger jammern, mehr danken 115

Freundlich sein 116

Fokus auf psychische Gesundheit 118

Führen Sie ein tägliches Journal 119

Organisiert sein 121

Vergeben Sie mehr 123

Stärken Sie Ihren Glauben 124

Hören Sie auf Ihre innere Stimme 126

Finden Sie ein Ventil für negative Emotionen 128

Entwickeln Sie einen Sinn für Humor 129

Ein Haustier haben 130

Kreativ werden 131

Mehr Bücher lesen 132

Holen Sie sich den Adrenalinstoß 134

KAPITEL 5 DIE ZUKUNFT DER WELT 135

Kommende Trends und die Zukunft der Welt 135

   Erhöhte Technologie 137

   Soziales Bewusstsein 138

   Gleichstellung der Geschlechter 139

   Eigenständigkeit 140

   Das häufigere Auftreten von Naturkatastrophen 141

Zukunftsprognosen: ein Überblick 142

Die Bedeutung der emotionalen Gesundheit 143

KAPITEL 6 BERÜHMTE MENSCHEN ÜBER DAS GLÜCK 147

Berühmte Politiker 148

Sport-Persönlichkeiten 150

Prominente und Unterhaltungspersönlichkeiten 152

SCHLUSSFOLGERUNG 155

REFERENZEN 159

WEITERE BÜCHER VON SOFIE BAKKEN 163

ÜBER SOFIE BAKKEN 167

VORWORT

Ich habe ein paar Bücher zu bestimmten Lifestyle-Themen geschrieben, wie Friluftsliv oder Niksen (zusammen mit Tess Jansen).

In meinem letzten Buch habe ich das Thema "Langlebigkeit" behandelt, da dies immer so etwas wie ein "Randthema" war, wenn ich mich mit Lifestyle-Trends beschäftigt habe.

Schließlich verspürte ich den Wunsch, ein umfassenderes Buch über Lifestyle-Trends zu schreiben, und so begann ich, mich umzusehen, um zu sehen, wie die Menschen leben.

Und - es ist erstaunlich! Es gibt so viel!

Letztendlich glaube ich jedoch, dass - egal, welches Leben man führt - es immer auf ein Wort hinausläuft: Glücklichsein. Menschen wollen glücklich sein, so leben sie, und deshalb leben sie so, wie sie leben (wenn sie das Privileg haben, ihren Lebensstil zu wählen).

So wünsche ich Ihnen als Leser dieses Buches, dass Sie sich inspirieren lassen und Ihr eigenes, persönliches Glück finden!

Alles Liebe, Sofie

EINLEITUNG

Der Planet Erde ist mehr als 4,54 Milliarden Jahre alt. Er hat den Aufstieg und Fall mehrerer Generationen erlebt. Er ist Zeuge der allmählichen Entwicklung des Lebens, wie wir es heute kennen.

Jede Generation geht einen Schritt weiter, um ihre Erfahrungen auf der Grundlage der von den Vorfahren weitergegebenen Informationen zu verbessern. Die Erde ist mit so vielen Höhen und Tiefen vertraut, denen die Menschen schon immer begegnen mussten. Für uns mag alles unglaublich anders erscheinen, aber als neutraler Zuschauer kann dieser Planet die Gemeinsamkeiten über alle Generationen hinweg erkennen.

Aber bei allem, was derzeit um uns herum passiert, ist es an der Zeit zu hinterfragen, ob wir nachhaltig leben. Nehmen wir der Umwelt zu viel weg, ohne sie wieder aufzufüllen? Werden die Ressourcen lange genug reichen, damit unsere zukünftigen Generationen so komfortabel leben können wie wir?

Wir hören oft, dass die Erde sich von etwas, das sie in der Vergangenheit erlitten hat, heilt/erholt. Aber diese Erholung ist nicht gleichbedeutend damit, dass neue bewohnbare Gebiete geschaffen werden. Es ist einfach die Art und Weise, wie die Natur uns eine neue Chance zum Leben gibt.

Zum Glück lassen uns diese kleinen Gnadengaben einigermaßen durchkommen. Allerdings nur so lange, bis die nächste Katastrophe eintritt. Eine Katastrophe, die oft menschengemacht und völlig vermeidbar ist.

Wir haben dies im Fall des Ozonabbaus und weiterer solcher Beispiele gesehen. Menschen werden oft zu einer Ursache für die Belästigung anderer Lebewesen, ohne sich dessen voll bewusst zu sein. Die Absichten mögen nicht schlecht sein, aber die Konsequenzen werden trotzdem von allen erlitten.

Nun, wir können nicht im Alleingang das ganze System der Welt verändern. Das liegt nicht in unserer Macht. Aber in unserer Kapazität müssen wir sicherstellen, dass wir keine ungesunden Trends unterstützen.

Um auf den Punkt des Zurückgebens an den Planeten zurückzukommen, haben Sie vielleicht schon gehört, dass man nicht aus einem leeren Becher einschenken kann. Wenn Sie selbst mit dem Leben unzufrieden sind, werden Sie sich nicht viel um das Wohlergehen einer anderen Person oder Sache kümmern. Ein glücklicher Mensch ist besser motiviert, seine Umgebung positiv zu beeinflussen.

Die Idee ist, die Welt zu verändern, eine Person, zu einer Zeit. Indem Sie sich auf Ihre Zufriedenheit konzentrieren, tun Sie Ihrem Geist und Körper einen großen Gefallen. Außerdem werden Sie ein nützlicherer Mensch für die Menschen und Dinge um Sie herum, einschließlich der Umwelt.

Die Handlung ist ebenso selbstlos wie selbstsüchtig. Wir vergessen oft, dass unser Sein nur eine Erweiterung der Welt ist, in der wir leben. Kollektiv spiegelt sich unser Wohlbefinden in der Situation des Planeten wider.

So wie die Energie der Erde derzeit von Generation zu Generation verbraucht wird, so werden wir mit jedem Tag durch unsere Verantwortung erschöpft. Und ganz ähnlich tun wir auch nichts, um die Energie wieder aufzufüllen.

Man mag argumentieren, dass es Aktivitäten gibt, die auf die Verjüngung der Seele abzielen. Aber sie werden nicht so oft wie nötig praktiziert. Außerdem wird die Notwendigkeit, ab und zu mit neuem Elan zu planen, oft ignoriert.

Lebensstil zum Glücklichsein: Was Sie von den heutigen Lifestyle-Trends mitnehmen sollten ist ein Text, der die Leser daran erinnern soll, immer wieder nach neuen Gründen zu suchen, sich glücklich zu fühlen. Es ist völlig in Ordnung, sich hin und wieder verloren zu fühlen, aber das sollte niemals ein Grund sein, aufzugeben. In letzter Zeit ist Glück eher ein Akt des Trotzes bei all dem, was die Welt derzeit durchmacht.

Sie erfahren etwas über verschiedene Teile der Welt und die dortige Lebensweise. Es enthält auch Tipps, um die richtigen Gewohnheiten anzunehmen, um das Glück zu steigern. Während des gesamten Buches werden die Leser daran erinnert, wie wichtig emotionale Gesundheit ist.

Der Sinn dieser Diskussion ist es, sich auf mehr Arten um sich selbst zu kümmern, anstatt nur auf Ihre körperliche Gesundheit zu achten. Sehen Sie, ein Haus muss nach ein paar Jahren renoviert werden. Ein Auto braucht regelmäßige Wartung, um effizient zu funktionieren.

Das Lustige daran ist, dass die menschliche Spezies vielleicht mehr arbeitet als jedes dieser von Menschenhand geschaffenen Produkte, aber sie hält selten inne, um Luft zu holen. Wir sind in unserem Leben so beschäftigt geworden, dass Glück wie ein lang verlorener Traum erscheint. Mit diesem Buch wollen wir versuchen, diesen Traum wieder aufleben zu lassen und den verbleibenden Teil unseres Lebens ein wenig bunter zu gestalten.

KAPITEL 1
GLÜCK VERSTEHEN

Die verschiedenen Bedeutungen des Lebens

Leben wird oft als die Fähigkeit zu wachsen und zu funktionieren definiert. Dies ist die Eigenschaft, die lebende Dinge von nicht-lebenden Dingen unterscheidet. Nicht lebende Dinge, egal ob sie von Menschenhand geschaffen oder natürlich sind, können keine Aktivitäten aus eigener Kraft ausführen.

Nach dieser Definition wird also alles, was unbeweglich ist, als tot oder leblos angesehen. Unbewusst werden wir ein Teil dieser Kategorie, wenn wir uns weigern, uns anzupassen und uns mit den sich ändernden Zeiten weiterzuentwickeln. Da Bequemlichkeit ein süchtig machendes Gefühl ist, geben wir ihr den Vorrang vor der dringend benötigten Fähigkeit zu wachsen.

Eine andere Bedeutung des Wortes Leben ist die Existenz oder der Zustand des Seins. Es scheint, als hätte der Mensch eine besondere Vorliebe für diese Bedeutung des Wortes entwickelt. Schließlich begnügen wir uns meist damit, einfach nur "am Leben" zu sein.

In diesem Zusammenhang bedeutet "lebendig" zu sein, zu atmen und einen Puls zu haben. Wir haben das Ziel, im Leben weiterzukommen, fast vergessen. In der letzten Zeit ist das Überleben die einzige Form des Lebens, an die wir gewöhnt sind.

Nun wollen wir niemanden dafür herabwürdigen, dass er versucht, trotz der extrem schwierigen Umstände standhaft zu bleiben. Solche Situationen können jemanden verständlicherweise zu der Option des Aufgebens treiben. Die Widerstandsfähigkeit der heutigen Generation ist also zweifellos anerkennenswert.

Aber wenn man es mit der Möglichkeit vergleicht, das Leben in vollen Zügen zu genießen, scheint es, dass wir uns selbst gegenüber ein wenig unfair sind. Wenn man die andere Seite des Bildes betrachtet, scheint das bloße Überleben nicht besonders heldenhaft zu sein. Mit anderen Worten, es scheint, als würden wir unser volles Potenzial nicht ausschöpfen.

Einige zahlreiche Theorien und Glaubensrichtungen ermutigen die Menschen, ein besseres Leben zu führen. Entgegen der landläufigen Meinung bedeutet diese Idee eines besseren Lebens nicht, allen Luxus oder Reichtum der Welt zu haben. Es bedeutet, sich auf Tugenden zu konzentrieren und Zufriedenheit zu erlangen.

Lassen Sie uns kurz einige der beliebtesten Ideologien der Welt besprechen, die sich auf Zufriedenheit konzentrieren. Die griechische Philosophie des Stoizismus basiert auf der Minimierung emotionaler Unbeständigkeit durch logisches Denken. Sie verlangt, dass Sie in allen Angelegenheiten des Universums die Vernunft sehen.

Stoiker glauben auch, dass Tugend das höchste Gut ist. Außerdem betont der Stoizismus, dass man sich, wenn man tugendhaft ist, natürlich glücklich fühlt. Man lässt sich von den Schwierigkeiten des Lebens nicht beeinflussen und konzentriert sich stattdessen darauf, Gutes zu tun.

Um das Konzept der Zufriedenheit und eines zukunftsorientierten Ansatzes in dieser Philosophie zusammenzufassen, hier einige weise Worte des berühmten stoischen Philosophen Epictetus, zitiert in dem Buch „The Daily Stoic".

> *"Ich bin dein Lehrer und du lernst in meiner Schule. Mein Ziel ist es, dich zur Vollendung zu bringen, ungehindert, frei von zwanghaftem Verhalten, hemmungslos, ohne Scham, frei, blühend und glücklich, auf Gott schauend in großen und kleinen Dingen - dein Ziel ist es, all diese Dinge zu lernen und fleißig zu üben. Warum vollenden Sie dann die Arbeit nicht, wenn Sie das richtige Ziel haben und ich sowohl das richtige Ziel als auch die richtige Vorbereitung habe? Was fehlt noch? ... Das Werk ist durchaus machbar, und es ist das Einzige, was in unserer Macht steht ... Lassen Sie die Vergangenheit los. Wir müssen nur beginnen. Glauben Sie mir und Sie werden sehen."*

-EPICTETUS

Die meisten von uns hören auf zu versuchen, dem Leben einen Mehrwert zu geben, weil wir durch Widrigkeiten demotiviert sind. Aber wie die Philosophie nahelegt, können wir mehr im Leben erreichen, wenn wir die Grundlagen entwurzeln, auf denen solche negativen Gefühle ruhen. Wenn persönliches Wachstum zu unserem Hauptziel wird, würden die Handlungen anderer irrelevant werden.

Ähnlich geht es in einer chinesischen Religion oder Philosophie, die als Taoismus bekannt ist, darum, in Harmonie mit den Ereignissen der Natur zu leben. Spontaneität, das Hauptmerkmal dieses Glaubenssatzes, bedeutet, dass Ihr Verhalten tiefgründig ist, unabhängig von äußeren Faktoren. Sie versuchen nicht, die Ergebnisse zu kontrollieren, sondern gehen einfach "mit dem Strom".

Das Christentum, der Islam, das Judentum usw. haben alle ihre Anhänger angewiesen, das Leben als Geschenk zu betrachten. Es ist nicht etwas, das in Eitelkeit verschwendet werden sollte. Man sollte jeden einzelnen Moment wertschätzen und versuchen, sich ständig zu verbessern.

Die meisten Glaubensrichtungen lehren die Menschen auch, sich in ihr Schicksal zu fügen. Wenn Sie versuchen, diese Botschaft tief zu verstehen, werden Sie erkennen, dass sie die Hälfte Ihrer Sorgen im Zusammenhang mit dem Leben beseitigt. Wenn Sie zum Beispiel etwas nicht bekommen haben, werden Sie einfach weitergehen und glauben, dass es nicht für Sie bestimmt war.

In der Heiligen Bibel steht:

Es ist der Herr, der Ihr Leben lenkt, denn jeder Schritt, den Sie tun, ist von Gott bestimmt, um Sie Ihrer Bestimmung näher zu bringen.

(Sprüche 20:24)

Ein Vers aus dem Heiligen Koran lautet:

Sprich: "Nichts wird uns widerfahren außer dem, was Allah für uns bestimmt hat; Er ist unser Beschützer." Die Gläubigen sollen also ihr ganzes Vertrauen auf Allah setzen.

(9:51)

In der jüdischen Schrift Talmud heißt es:

"Lasst euch nicht entmutigen von der Ungeheuerlichkeit des Weltschmerzes. Tut jetzt gerecht, liebt jetzt barmherzig, wandelt jetzt demütig. Ihr seid nicht verpflichtet, das Werk zu vollenden, aber ihr seid auch nicht frei, es aufzugeben."

Kurzum, diese Ideologien und Glaubensrichtungen suggerieren, dass Zufriedenheit eine Wahl ist. Ihre Wahrnehmung ist das, was Ihre Realität definiert. Sie brauchen nicht viel, um zufrieden zu sein, außer dem Glauben, dass das, was das Universum Ihnen gegeben hat, ausreichend ist.

Menschen neigen dazu, recht leicht undankbar zu werden. Wenn ihnen im Überfluss gegeben wird und sie keine Rechenschaft ablegen müssen, werden sie oft korrupt. Sie sind so sehr damit beschäftigt, ihre Segnungen zu genießen, dass sie völlig vergessen, dass dieses Leben nur von kurzer Dauer ist.

Dafür gibt es das Konzept des Lebens nach dem Tod. Die oben genannten Religionen glauben, dass es ein Leben nach dem Tod gibt, das die Taten einer Person zu Lebzeiten widerspiegelt. Menschen werden in den Himmel geschickt, wenn ihre guten Taten ihre Sünden übersteigen, oder sie werden in die Hölle geworfen, wenn sie mehr gesündigt haben. Damit soll betont werden, dass eine Person später für alle Taten zur Rechenschaft gezogen und belohnt/bestraft wird.

Daher lernen die Anhänger die Lektion, das Leben nicht für selbstverständlich zu halten. Sie müssen ihre Zeit auf der Erde würdig für ein gesegnetes Leben nach dem Tod gestalten. Außerdem müssen sie tugendhaft bleiben, um Gottes Zorn im Jenseits zu vermeiden. Einfach nur zu existieren, würde ihnen diese Ehre nicht einbringen.

Einige Religionen wie der Buddhismus und der Hinduismus haben etwas andere Ansichten über das Leben nach dem Tod. Vereinfacht gesagt, findet die Wiedergeburt oder Reinkarnation der Seele hier auf der Erde statt und dieser Zyklus wird mehr als einmal wiederholt. Die Form, die die Seele annimmt, ist abhängig von ihren Taten im vorherigen Leben.

Wenn wir also die gesamte Diskussion über die verschiedenen Ideologien und Glaubensrichtungen zusammenfassen, können wir mit Sicherheit sagen, dass keine von ihnen es für ausreichend halten würde, nur untätig zu sitzen und gute Nachrichten zu erwarten. Man muss die Qualität des Lebens aktiv verbessern. Lernen, Wachstum und Evolution sind nicht nur Wahlmöglichkeiten, sondern Notwendigkeiten, wenn wir die wahre Bedeutung all dieser Lehren verstehen.

Heutzutage werden religiöse Überzeugungen nicht mehr so starr befolgt wie früher. Viele Menschen wenden sich heute von der Religion ab und gehen zum Atheismus über. Daher ist es wichtig, auch eine nicht-religiöse Sichtweise des Lebens zu berücksichtigen.

Wenn ein Individuum ein bestimmtes Konzept völlig missachtet, können Sie nicht erwarten, ihn/sie davon zu überzeugen. Was wir damit sagen wollen, ist, dass es ziemlich sinnlos wäre, einen Ungläubigen mit Hilfe von religiösen Schriften oder dem Konzept des Lebens nach dem Tod zu warnen. Atheisten brauchen für alles eine logische Erklärung.

Das sollte sie noch mehr dazu veranlassen, einen Sinn im Leben zu finden. Sie sollten nicht einfach dasitzen und das "Schicksal" seinen Lauf nehmen lassen. Sie sollten ihr Schicksal selbst bestimmen.

Viele bekannte Persönlichkeiten der jüngeren Geschichte waren Atheisten. Stephen Hawking zum Beispiel war ein erfolgreicher Physiker, Kosmologe und Autor, der nicht an Gott glaubte. Dennoch waren seine Konzepte über das Leben klarer als die jedes Hardcore-Gläubigen.

Daher können wir sagen, dass Religion oder das Fehlen von ihr nicht Ihre Fähigkeit bestimmt, das Leben zu entschlüsseln. Sie formt nur Ihre Wahrnehmung auf eine bestimmte Art und Weise. Es wäre viel hilfreicher, die Dinge neutral zu betrachten, anstatt anti-/pro-religiös zu sein.

Die Wahrnehmung des Lebens variiert nicht nur je nach den verschiedenen religiösen Ansichten. Verschiedene andere Dinge können die Sichtweise eines Menschen verändern. Dazu gehören Alter, Erfahrungen, Kultur, Gesellschaft, Persönlichkeitsmerkmale usw.

Für ein neugeborenes Baby zum Beispiel wäre der Sinn des Lebens, bequem im Schoß der Eltern zu liegen. Ein Teenager würde über verschiedene Dinge wie Bildung, soziales Leben und Pläne nachdenken, wenn er den Sinn des Lebens betrachtet. Ein Erwachsener würde das Leben so definieren, dass er den ganzen Tag lang kämpft, um seine/ihre Pflichten zu erfüllen.

Abgesehen von den Altersgruppen, können wir einen starken Kontrast zwischen der Wahrnehmung des Lebens nach verschiedenen Denkschulen sehen. Die Definition eines Philosophen würde der eines Pragmatikers entgegengesetzt sein. Ein Optimist würde sich immer auf die Chancen konzentrieren, während ein Pessimist über Worst-Case-Szenarien nachdenken würde.

Wir haben aber auch immer wieder gehört, dass die Menschheit eine einzige Rasse ist. Sie ist durch bestimmte Prinzipien der Natur geeint. Es gibt Gemeinsamkeiten in unserem Leben, die wie eine verbindende Kraft für die gesamte Menschheit wirken.

Gefühle und Emotionen sind eine dieser verbindenden Kräfte. Sie helfen uns, die Perspektive des anderen zu verstehen, auch wenn wir mit ihr nicht ganz einverstanden sind. Ein solche ansteckendes und nachvollziehbares Gefühl ist Glück.

Wir alle können uns mit dem Streben nach Glück im Leben identifizieren. Wer möchte nicht mit geistigem Frieden und positiven Gefühlen leben? In diesen schwierigen Zeiten ist fast jeder auf der Suche nach Trost und emotionaler Stabilität.

Glück finden

Was ist Glück? Eine unerwartete Nachricht von einem geliebten Menschen zu erhalten, ist Glück. Ihr Lieblingsessen zu essen ist Glück. Gute Musik zu hören, ist Glück.

Gleichzeitig ist der Einzug in Ihr Traumhaus nach Jahren harter Arbeit auch Glück. In Ihrer Karriere auf die nächste Stufe befördert zu werden, ist Glück. Ihren Seelenverwandten zu finden, ist Glück.

Man kann Glück in einem einzigen Moment erleben oder jahrelang darum kämpfen, es endlich zu erreichen. Das Gefühl ist also nicht an die Zeit gebunden. Es kennt überhaupt keine Grenzen. Das Gefühl ist den Menschen aller Altersgruppen, Sprachen, Glaubensrichtungen, Kasten usw. durchaus vertraut.

Einfacher ausgedrückt: Es ist ein universelles Gefühl. Es wäre nicht falsch zu sagen, dass Glück das Wertvollste ist, was Lebewesen erfahren. Denken Sie daran, dass der Fokus hier auf Lebewesen liegt, nicht nur auf Menschen.

Wenn zum Beispiel eine Elefantenmutter sieht, wie ihr Baby die ersten Schritte macht, würde sie die gleiche Freude empfinden wie die Mutter eines menschlichen Babys, wenn es laufen lernt. Wenn eine Knospe zu einer Blume erblüht, verbreitet sie Glück um sich herum. Daher können wir sagen, dass es ein ansteckendes Gefühl unter allen Arten von Lebewesen ist. Wir können es mit einfachen alltäglichen Handlungen an andere weitergeben.

Betrachten Sie es wie das Mondlicht, das den Nachthimmel erhellt. Es beseitigt vielleicht nicht die ganze Dunkelheit, aber es macht unsere Welt ein wenig heller. Und wir alle brauchen etwas Licht, um unseren Weg zu finden, wenn die Dinge düster werden.

Aber wenn wir uns heute umschauen, finden wir meist Kummer und Bestürzung. Der Planet befindet sich in einer schwierigen Phase. Menschen, Pflanzen, Tiere, die Umwelt, jeder und alles leidet.

Infolgedessen haben negative Emotionen den größten Teil der Weltbevölkerung vereinnahmt. Traurigkeit, Wut und Frustration sind häufiger als je zuvor. Glück ist zwar erwünscht, wird aber nur noch selten erlebt.

Sich glücklich zu fühlen, hängt hauptsächlich mit Ihrem Verhalten im Leben zusammen. Es ist Ihre Wahrnehmung, die bestimmt, ob ein Ereignis Sie machen oder brechen würde. Ein Mensch kann seinen Job verlieren und dies als das Ende des Lebens betrachten, während ein anderer danach strebt, eine noch bessere Position zu erreichen.

Verschiedene Menschen haben unterschiedliche Vorstellungen von Glück. Manche finden es in kleinen Dingen, während andere immer mehr vom Leben wollen. Das Gefühl ist vielleicht nicht allzu gut definiert, aber es ist eine Sprache, die jeder gleich gut versteht.

In letzter Zeit fühlt sich Glück irgendwie wie eine Errungenschaft an. Man muss viel Zeit und Mühe aufwenden, um sich glücklich zu fühlen. Andernfalls fühlt man sich einfach weiterhin unglücklich über sein Leben.

Das Problem taucht auf, wenn wir anfangen, Glück als ein Geburtsrecht wahrzunehmen. Natürlich hat das Universum genug getan, um uns mit einem angenehmen Leben zu versorgen, aber wenn wir es trotzdem nicht gut nutzen und uns auch noch darüber beschweren, würde das ziemlich undankbar erscheinen. Das Glück ist uns sicherlich als Möglichkeit vorgestellt worden, aber es liegt an uns, ob wir uns entscheiden, das Gefühl zu erforschen oder nicht.

Das ist so, als würde man einen Schatz erhalten, der irgendwo weit, weit weg versteckt ist. Auch wenn es viel Mühe kostet, den Schatz zu heben, ist es sicher kein schlechtes Geschäft. Es sollte wie ein lustiges Abenteuer für sich selbst erscheinen.

Bei manchen Schatzsuchen erhalten Sie eine Karte und einen Schlüssel. Die Suche nach dem Glück gehört zwar nicht zu dieser Kategorie, aber Sie werden auch nicht völlig im Unklaren darüber gelassen, wo sich der Schatz befinden könnte. Was wir damit sagen wollen, ist, dass Sie die Reise anderer Entdecker nachvollziehen dürfen, die erfolgreich ihr Ziel erreicht haben.

Aber hier kommt der knifflige Teil. Nicht alles, was bei einer anderen Person funktioniert, kann auch bei Ihnen funktionieren. Sie müssen also sorgfältig auswählen, welche Gewohnheiten Sie übernehmen und welche Sie weglassen.

Mehr als durch einmalige Aktionen wird Glück durch einen konsequenten Lebensstil erreicht. Es geht darum, die richtige Art von täglichen Gewohnheiten auszuwählen und sich mit Menschen und Dingen zu umgeben, die Ihnen Freude bereiten. Es gibt keine festgelegte Art zu leben und Sie können immer eine Routine nach Ihren Vorlieben aufbauen.

Ihre Bestimmung zu finden, hilft Ihnen, fokussiert zu bleiben. Es eliminiert unnötige Sorgen und Stress aus dem Leben. Es ist, als hätte man einen mikroskopischen Blick auf die Dinge, die am wichtigsten sind.

Gewöhnliches Leben versus sinnvolles Leben

Sie haben vielleicht schon oft gehört, dass das Leben nicht das ist, was Ihnen passiert, sondern wie Sie darauf reagieren. Es ist Ihre Einstellung, die über den Grad des Erfolgs entscheidet, den Sie erreichen können. Sehr erfolgreiche Menschen sind im Allgemeinen dafür bekannt, eine positive Einstellung zum Leben zu haben.

Aber kann Erfolg ohne Motivation erreicht werden? Wenn eine Person nicht das Bedürfnis hat, hart für ihre Ziele zu arbeiten, können wir dann erwarten, dass die Geschichte dieser Person uns inspiriert? Inspiration schöpft man aus außergewöhnlichen Leistungen, nicht aus einem halbherzigen Bemühen, gerade so zu überleben.

Wenn Sie dem Weg eines Überfliegers in irgendeinem Bereich folgen wollen, würden Sie sich für die Eigenschaften interessieren, die zu seinem Erfolg geführt haben. Der Überflieger ist vielleicht mehrfach gescheitert, bevor er sein Ziel erreicht hat, aber das Wissen um diese Misserfolge wäre nicht Ihr Hauptanliegen. Mit anderen Worten, die Menschen interessieren sich hauptsächlich dafür, wie Sie etwas richtig gemacht haben, anstatt zu wissen, wie oft Sie etwas falsch gemacht haben.

Dieser Drang, eine bestimmte Formel für den Erfolg zu finden, hält uns oft davon ab, einen neuen Weg für uns selbst zu schaffen. Wir begrenzen uns selbst, indem wir denken, dass die von anderen gesetzten Ziele die höchsten sind, die wir erreichen können. Selten ziehen wir die Möglichkeit in Betracht, dass unser Potenzial noch größer sein könnte.

In jeder Epoche wagen es nur eine Handvoll Menschen, die Kette der Monotonie zu durchbrechen und etwas Bemerkenswertes zu tun. Folglich leben nur wenige Menschen wirklich und erlangen Glück. So sehr, dass ihr Name für immer in den Büchern der Geschichte verankert ist.

Wir alle eilen unserem Ziel entgegen. Aber der Weg, den wir einschlagen, entscheidet über die Qualität unseres Lebens. Jeder bekommt eine Chance im Leben, aber nicht jeder kann sie nutzen.

Ein Beispiel: Sie reisen zu einem unbekannten Ort. Sie wissen nicht, was Sie vorfinden werden, wenn Sie dort ankommen, aber Sie kennen zwei verschiedene Routen, die zum Ziel führen. Eine Route ist einfach und uninteressant, während die andere eine schöne Aussicht bietet.

Wenn man bedenkt, dass die benötigte Zeit für beide Routen gleich bleibt, würden Sie dann nicht die zweite Route für Ihre Reise nutzen wollen? Die Reise mag unvermeidlich sein, aber man kann zumindest versuchen, sie ein wenig interessant zu gestalten. So sammelt man angenehme Erinnerungen, an die man sich am Ende der Reise erinnern kann.

In ähnlicher Weise können Menschen sich entweder dafür entscheiden, ihr Leben nach den gesellschaftlichen Normen zu verbringen, oder versuchen, ihre Situation zum Besseren zu verändern. Die Gesellschaft lehrt Sie nicht, Glück als Ihr Hauptziel zu halten. Sie hat viele andere, unbedeutende Parameter, um den Erfolg der Menschen zu beurteilen.

Wegbereiter scheren sich in der Regel nicht viel um Sitten und Normen. Sie folgen ihren Leidenschaften und als Ergebnis wird ihr Leben viel sinnvoller als das anderer Menschen. Es ist in der Regel die Fähigkeit, Ihre Bedürfnisse zu priorisieren, die Menschen zufrieden und glücklich macht.

Wir können also sagen, dass die Sorge um Ihr Glück auch bedeutet, Ihre Träume zu verfolgen. Etwas, das immensen Mut erfordert, den nur wenige aufbringen können. Das ist es, was erfolgreiche Menschen von erfolglosen unterscheidet.

Es ist ziemlich absurd, dass im Rahmen der Lebensreise das Ziel, auf das wir es eilig haben, nichts anderes als der Tod ist. Natürlich ist der Tod eine Gewissheit und man kann nicht viel an der Lebensspanne ändern, die einem zugedacht ist. Aber es kann nicht schaden, diese Jahre sinnvoll zu gestalten.

Wenn wir in die Geschichte zurückblicken, würden wir erkennen, dass es nicht die Anhäufung von Reichtum ist, die die Namen von Menschen für immer verewigt hat, sondern es sind Dinge, die viel weniger materialistisch sind. Zum Beispiel Helen Kellers Weigerung, ihre Behinderung als deprimierende Realität zu sehen. Nelson Mandelas starker Widerstand dagegen, ungerecht behandelt zu werden und sich minderwertig zu fühlen.

Die Idee ist, sich niemals mit einem Leben zufrieden zu geben, das von Regeln diktiert wird, die von anderen Menschen gemacht werden, die nichts mit Ihnen zu tun haben. Niemand kennt Ihre Stärken und Schwächen, Kämpfe und Triumphe, Vorlieben und Abneigungen besser als Sie selbst. Daher sollten nur Sie selbst entscheiden, wie Sie sich fühlen sollen und was Sie im Leben tun müssen.

Es spielt keine Rolle, wie lang oder kurz die Dauer Ihres Lebens ist. Was einen Unterschied macht, ist die Qualität Ihrer Handlungen. Deshalb ist es wichtig, einen gesunden, glücklichen und wachstumsfördernden Lebensstil anzunehmen.

KAPITEL 2
UNTERSCHIEDLICHE LEBENSSTILE AUF DER WELT

Ein Lebensstil ist eine Reihe von täglichen Gewohnheiten, die Sie über einen längeren Zeitraum konsequent praktizieren. Das Konzept wird oft mit den Überzeugungen verwechselt, die eine Person hat. Während Überzeugungen einen großen Einfluss auf die Art und Weise haben, wie Sie Ihr Leben leben, bedeuten sie nicht viel, wenn sie nicht in Handlungen umgesetzt werden.

Vielleicht liegt Ihnen der Planet am Herzen und Sie predigen allen um Sie herum Wassersparen. Aber solange Sie den Wasserhahn nicht abdrehen, während Sie sich die Zähne putzen, sind Ihre Worte bedeutungslos. In diesem Beispiel symbolisiert die Sorge um den Planeten eine Überzeugung, und das Abdrehen des Wasserhahns ist eine praktische Handlung.

Wenn wir also von einem Lebensstil sprechen, sollte es klar sein, dass es sich eher um praktische Schritte handelt. Eine weitere Voraussetzung dafür, dass eine Handlung als Teil des Lebensstils einer Person gelten kann, ist ihre Häufigkeit. Ein Lebensstil besteht aus regelmäßigen Gewohnheiten und nicht aus etwas, das man vielleicht gelegentlich tut.

Einmal in einem blauen Mond während eines plötzlichen Energieschubs zu trainieren, wird nicht als Teil

Ihres Lebensstils betrachtet werden. Wenn Sie jedoch jeden Morgen nach dem Aufwachen 20 Minuten lang trainieren, dann würde dies sicherlich als tägliche Gewohnheit zählen. Auch wenn die Aktivität dieselbe ist, hängt es davon ab, wie spontan oder gut durchdacht sie war, ob sie in die Kategorie Lebensstil fällt oder nicht.

Eine bewusste Entscheidung, einen Gedanken oder eine Maßnahme routinemäßig umzusetzen, kann nicht ohne vorherige Überlegung getroffen werden. Man steht nicht einfach eines Tages auf und beschließt, drastische Änderungen in seinem Leben vorzunehmen. Der Lebensstil wird nach viel Lernen und Erfahrung gestaltet.

Wenn Sie sich entscheiden, neue Lebensweisen auszuprobieren oder die alten loszuwerden, wägen Sie immer sorgfältig die Vor- und Nachteile ab. Sie versuchen, Ihre Ziele und Absichten mit Ihren täglichen Gewohnheiten in Einklang zu bringen. Auf diese Weise können Sie eine größere Zufriedenheit erreichen und ein Gefühl der Erfüllung haben.

Die Konzepte wie Zufriedenheit, Zufriedenheit und Leistung haben sich im Laufe der Jahre drastisch weiterentwickelt. Frühere Generationen waren mit dem Nötigsten, wie Essen und Unterkunft, durchaus zufrieden. Heutzutage ist das jedoch eine ganz andere Geschichte.

Die Höhlenmenschen aus der Steinzeit würden den ganzen Tag lang jagen, um die Familie zu ernähren. Dabei stießen sie jeden Tag auf unzählige Hürden.

Doch aufgeben oder müde werden von der Routine war nie eine Option.

Als Unterschlupf genügte es, eine natürliche Struktur zu finden, die einen gewissen Schutz vor der rauen Umgebung bot. Felsen wurden als Schlafplatz einigermaßen bequem gemacht, indem man weiche Blätter auf sie legte. Der Lebensstil war einfach, minimalistisch und aus der Sicht eines modernen Menschen auch recht anspruchsvoll.

Bevor das Geld eingeführt wurde, tauschten die Menschen Waren durch das Tauschsystem. Da es keine festen Preise für die gekauften Gegenstände gab, war es nie sicher, wie viel sie mit den zur Verfügung stehenden Waren als Bezahlung erhalten würden. Dennoch waren diese Menschen mit dem, was sie bekamen, ziemlich zufrieden.

Heute sitzt ein Mann in einem luxuriösen Auto und fährt zur Arbeit. Auch der Arbeitsplatz ist mit allen Annehmlichkeiten für die Mitarbeiter ausgestattet. Am Ende des Monats wird ein vorher festgelegter Betrag auf das Konto einer Person überwiesen, um ihre Leistungen zu vergüten.

Dadurch ist die Budgetierung viel einfacher geworden. Die Befriedigung der eigenen Bedürfnisse erfordert nicht mehr so viel Aufwand wie früher. Es gibt so viele zusätzliche Annehmlichkeiten und Einrichtungen, an die die früheren Generationen nicht einmal denken konnten.

Trotz des Anstiegs des allgemeinen Lebensstandards scheint etwas nicht zu stimmen. Die bereits erwähnten Gefühle wie Zufriedenheit und Zufriedenheit nehmen ab, obwohl sie eigentlich zunehmen sollten. Unser Leben wird durch Wissenschaft und Technik jeden Tag so viel einfacher, warum fühlen wir uns dann so uninspiriert?

Es scheint, als würden wir uns vom Glück entfernen. Wir zerstören kollektiv die Elemente, die dafür verantwortlich waren, dass sich Lebewesen gut fühlen. Die Frage ist: Was machen wir so furchtbar falsch?

Um dieses Rätsel zu lösen, müssen wir die verschiedenen Aspekte der menschlichen Natur genauer verstehen. Generell gilt: Wenn ein Mensch etwas nach einem langen und harten Kampf erreicht, schätzt er es mehr. Ein mit Entbehrungen gefüllter Weg macht den Sieg noch süßer.

Aber heute wird uns alles auf dem Silbertablett serviert. Der Kühlschrank ist voll mit Vorräten, es gibt saubere Kleidung zum Anziehen und ein komfortables Zuhause mit allen notwendigen Einrichtungen. Infolgedessen haben wir aufgehört, unsere Segnungen zu schätzen.

Außerdem hat der moderne Lebensstil einige der Schlüsselfaktoren für emotionale Stabilität weggenommen. Dazu gehören die Interaktion von Mensch zu Mensch, die natürliche Umgebung, das einfache Leben usw. Wir werden also nicht nur faul und undankbar, sondern schaufeln in gewisser Weise auch unser eigenes Grab.

Das geht nun schon seit ein paar Jahrzehnten so. Zum Glück erkennt ein kleiner Teil der Weltbevölkerung endlich den Schaden, der angerichtet wird. Die Menschen wachen allmählich auf und erkennen die Giftigkeit des derzeitigen Lebensstils.

Auf der einen Seite entfernen wir uns immer mehr voneinander, da virtuelle Verbindungen physische Treffen überflüssig machen. Ein Trend, der sich durch das Auftreten einer Pandemie noch verstärkt hat. Von der Arbeit bis zu gesellschaftlichen Zusammenkünften wird alles über Online-Medien abgewickelt.

Auf der anderen Seite bringt uns dieser verstärkte globale Einsatz auch in bisher unbekannte Gebiete. Wir lernen mehr über andere Kulturen und Lebensstile. Menschen, die meilenweit voneinander entfernt leben, können sich in die Probleme der anderen hineinversetzen und entsprechende Lösungen teilen.

Die wenigen Menschen in jedem Teil der Welt, die sich einen besseren Lebensstil wünschen, werden ermutigt, wenn sie ähnliche Stimmen aus einer anderen Region hören. Es fühlt sich gut an, etwas Bestätigung und Unterstützung für die eigenen einzigartigen Ideen zu bekommen. Wie man so schön sagt: "Gleich und gleich gesellt sich gern", können die Gleichgesinnten von den Erfahrungen der anderen lernen und gemeinsam auf das Ziel hinarbeiten.

Wie bereits erwähnt, waren die letzten Jahrzehnte in Bezug auf die Lebensgewohnheiten besonders katastrophal. Im Namen von mehr Komfort und Bequemlichkeit haben wir uns an einige extrem ungesunde Gewohnheiten gewöhnt. In Form von schlechter geistiger und körperlicher Gesundheit ernten wir, was wir selbst gesät haben.

Zum Beispiel ersetzen Roboter und Maschinen die menschliche Arbeitskraft. Dies hat die Menschen nicht nur fauler gemacht, sondern auch ihre geistigen und körperlichen Aktivitäten verringert. In einigen Fällen hat es auch zu Arbeitslosigkeit und Entlassungen geführt.

Es mag als eine praktikablere Option erscheinen, die Arbeit maschinell zu erledigen, aber dem Produkt/der Dienstleistung wird der Wert fehlen, den die menschliche Note bietet. Maschinen haben nicht die natürlichen Fähigkeiten, die Menschen befähigen, Aufgaben hervorragend zu bewältigen. Zu diesen Fähigkeiten gehören Wissen und Verständnis, Problemlösung, Einfühlungsvermögen, usw.

Stellen Sie sich nun vor, eine Pflanze wächst unter einer Glühbirne. Es mag so aussehen, als würde sie scheinbar gut wachsen, aber ein Vergleich mit einer Pflanze, die unter Sonnenlicht wächst, würde das wahre Bild offenbaren. Künstliche Lichter können offensichtlich nicht die Energie ersetzen, die das natürliche Sonnenlicht liefert.

Natürlich kann diese Ansicht von denjenigen bestritten werden, die sich der Sache der Wissenschaft und Technologie verschrieben haben. Manche Menschen wollen, dass die Wissenschaft unser Leben komplett übernimmt. Aber die Weitsichtigen haben bereits die Grenzen von Wissenschaft und Technik erkannt.

Durch Maschinen ersetzt zu werden, ist nur ein Beispiel für die Rückschläge, die der Mensch in letzter Zeit erlitten hat. Der aktuelle Lebensstil hat den geistigen Frieden der meisten Menschen stark beeinträchtigt. Und wenn man sich unglücklich fühlt, kann man nicht viel im Leben erreichen.

Die Welt stellt sich also derzeit auf diese Situation ein. Es werden Anstrengungen unternommen, um sicherzustellen, dass unsere kommenden Generationen nicht unter der Kurzsichtigkeit leiden, die wir an den Tag gelegt haben. In verschiedenen Teilen der Welt wird mit neuen und innovativen Lebensweisen experimentiert.

Wie gesagt, ein Vorteil dieser größeren Zugänglichkeit zu den Menschen, die in anderen Ländern leben, ist, dass wir alle von den Lebensstilen der anderen lernen können. Man kann sich Inspiration und Ideen aus ländlichen und städtischen Gebieten gleichermaßen holen. Lassen Sie uns im folgenden Text ein wenig mehr über die verschiedenen neuen Lifestyle-Trends erfahren, die überall zu beobachten sind.

Europa

Europa mag sich nicht über eine sehr große Fläche erstrecken, aber es hat einen bedeutenden Einfluss auf die Welt. Es gilt als der am weitesten entwickelte unter allen Kontinenten. Von den insgesamt 51 Ländern, die hier liegen, sind viele weltweit führend.

Daher ist es verständlich, dass diese Region während des größten Teils der jüngeren Geschichte eine stetige Periode des Wohlstands genossen hat. Das Leben war bequem und komfortabel. Aber haben Sie jemals etwas erlebt, das so gut war, dass es anfängt, langweilig zu werden?

Wir sagen nicht, dass die Menschen in Europa des bequemen Lebens müde geworden sind. Aber sie stören sich an der Monotonie des aktuellen Lebensstils. Sie haben erkannt, dass ein Zuviel an Komfort nicht immer gleichbedeutend mit einem Zuviel an Glück ist.

Wenn zum Beispiel ein Team jedes Jahr einen Sportwettbewerb dominiert, werden die Ergebnisse zu vorhersehbar. Und so viel Vorhersehbarkeit ruiniert den Spaß am Spiel. Selbst Gewinner fühlen sich mit jedem Sieg weniger glücklich, weil der Wettbewerb seinen Reiz zu verlieren beginnt.

Um den verlorenen "Charme" im Leben wiederzuerlangen, scheint Europa an vorderster Front zu stehen. Mit anderen Worten: Die Menschen suchen verzweifelt nach neuen Aktivitäten und Gewohnheiten, um aus der aktuellen Routine auszubrechen. Die Unzufriedenheit ist nicht auf Armut oder Entbehrungen zurückzuführen, sondern lediglich darauf, dass die emotionalen Bedürfnisse zu lange ignoriert wurden.

Die Gründung der Europäischen Union erwies sich als ein Wendepunkt auf diesem Kontinent. Das Bündnis brachte große wirtschaftliche Vorteile für alle Mitgliedsländer. In Bezug auf Fortschritt und Entwicklung war die Region durch den Vertrag den anderen weit voraus.

Interessanterweise sind die Statistiken über die psychische Gesundheit der in der EU lebenden Menschen nicht so beeindruckend. Einem Bericht zufolge leidet mehr als 1 von 6 Menschen in den EU-Ländern an psychischen Problemen. Das wären insgesamt etwa 84 Millionen Menschen pro Jahr.

Das ist wahrscheinlich der Grund, warum sich Europa als Drehscheibe für neue Lifestyle-Trends entwickelt. Diese Trends konzentrieren sich auf die Verjüngung von Geist und Körper. Es ist sehr ermutigend zu sehen, dass immer mehr Menschen erkennen, wie wichtig es ist, die Bedürfnisse von Körper und Geist in den Vordergrund zu stellen.

Interessanterweise liegt die Antwort für die Europäer in ihren alten Lebensweisen. Alte Lebensstile tauchen aufgrund ihrer Relevanz in der heutigen Zeit wieder auf. Die Trends, die heute populär sind, sind nur neue und verbesserte Versionen der Bräuche, die seit Jahrhunderten befolgt wurden.

Der wichtigste Grund für das Gefühl, unglücklich zu sein, ist heutzutage die Müdigkeit. Ihr Geist, Körper, Seele, jeder Teil von Ihnen ist müde von der übermäßigen Arbeit. Der erste Schritt zur Wiederherstellung des Glücks ist also, sich einfach zu entspannen.

Niksen

Niksen, der holländische Lebensstil, lehrt Sie, genau das zu tun. Bei diesem Trend verbringen Sie kurze Momente des Nichtstuns, um Ihren Geist von unnötigen Gedanken zu befreien. Für ein paar Minuten lassen Sie einfach nur "los".

In ihrem Buch mit dem Titel "Niksen: The Power Of Doing Nothing" beschreibt Tess Jansen diesen Lebensstil immer wieder als "einfach nichts tun". Das Buch stellt Ihnen verschiedene Möglichkeiten vor, wie Niksen praktiziert werden kann. Zum Beispiel einfach die Wärme Ihres Morgenkaffees mit einem leeren Geist zu genießen.

Dieses Konzept zu verstehen, kann für manche Menschen etwas schwierig sein. Das liegt daran, dass es keine klare Beschreibung gibt, wie man das Leben auf die Niksen-Art leben kann. Außerdem kann man sich fragen, wie man das Nichtstun als regelmäßige Gewohnheit annehmen kann?

Stellen Sie sich das so vor, dass Sie einem überhitzten Motor etwas Ruhe gönnen, damit er wieder auf die normale Temperatur kommt. Während dieser Ruhezeit tut der Motor nichts, aber selbst dann führt er eine dringend benötigte Aktivität aus, um später besser zu funktionieren. Außerdem erholt er sich von der Erschöpfung, die er zuvor erlitten hat.

In Niksen haben Sie regelmäßig solche Ruhephasen. Sie tun bewusst eine Zeit lang nichts. Sie lassen Ihren Geist frei von allen Gedanken sein und genießen einfach ein paar Minuten der Ruhe.

Die Idee ist nicht, sich an einen abgelegenen Ort zu begeben, um sich von allem, was um Sie herum passiert, zu distanzieren. Sie können Niksen mitten im Chaos üben, indem Sie sich auf sich selbst konzentrieren. Es erlaubt Ihnen, sich kurz von dem Stress zu lösen, der sich in Ihrem Geist und Körper aufbaut, sowie von äußeren Faktoren, die Sorgen verursachen.

Wie sorgt dieser Lebensstil also dafür, dass Sie ein glücklicheres Leben führen? Erstens verhindert sie ein Burnout, das oft die Ursache für übermäßigen Stress und Müdigkeit ist. Es hält Sie frischer und energiegeladener.

Zweitens erlauben Ihnen diese wenigen Momente, sich auf sich selbst zu konzentrieren, zu erkennen, dass die Priorisierung Ihrer selbst der Schlüssel zum Glück ist. Wenn Sie für sich selbst da sind, kann man sich um alles andere kümmern. Ihre Gesundheit und Ihr Wohlbefinden sind das Wichtigste und jede andere Sorge ist zweitrangig.

Jansen vergleicht Niksen in seinem Buch auch mit einem etwas älteren, bekannteren Trend, nämlich Hygge. Hygge ist so etwas wie ein Vorgänger von Niksen. Während sich diese beiden Lifestyle-Trends in der Praxis leicht unterscheiden, ist die Grundidee hinter beiden recht ähnlich.

Wie im Text oben erklärt, erfordert Niksen, dass Sie untätig bleiben und sich entspannen. Im Gegensatz dazu geht es bei Hygge darum, kleine Dinge zu tun, die Ihnen helfen, sich zu entspannen. Dies sind kleine, erholsame Aktivitäten, die dazu dienen, dass Sie sich leichter fühlen.

Die Arten der Entspannung sind von Mensch zu Mensch unterschiedlich. Manche Menschen hören gerne Musik, während andere beim Lesen eines guten Buches entspannen. Daher ist der Hygge-Lifestyle nur ein flexibles Konzept, das Ihnen erlaubt, Ihre Lieblingsbeschäftigung zu genießen.

Aber der Kern bleibt derselbe, um Ihnen ein paar Momente der Ruhe zu geben. Was auch immer Sie gerade tun, sollte Ihre volle Aufmerksamkeit haben. Alle Ihre Sinne sollten mit dem gegenwärtigen Moment beschäftigt sein, anstatt sich um die Zukunft zu sorgen oder die Vergangenheit zu beklagen.

Wenn Sie sich zum Beispiel in eine Decke einrollen und eine Fernsehsendung anschauen, sollten Sie an nichts anderes denken. Sie sollten völlig in das Geschehen auf Ihrem Fernsehbildschirm vertieft sein. Alles, was Sie vorher getan haben oder später tun werden, sollte unbedeutend werden.

Hygge

Es gibt ein kleines Detail, das Hygge exklusiv für kältere Regionen erscheinen lassen könnte. Der Lebensstil ist darauf ausgerichtet, eine warme und gemütliche Umgebung zu schaffen. Es gibt jedoch eine tiefere Bedeutung hinter diesem Konzept.

Die "Wärme" im Hygge-Lebensstil bezieht sich nicht nur auf das Anheizen des Kamins oder eine Schüssel mit heißer Suppe. Die Wärme, von der wir sprechen, sollte Ihre Seele durchdringen. Sie sollte das Eis um Ihr Herz schmelzen.

Die Essenz dieses Lebensstils besteht also nicht darin, die Raumtemperatur zu erhöhen. Es geht darum, Ihr Leben mit Gefühlen von Wärme und Zuneigung zu füllen. Gefühle, die die Qualität Ihres Lebens verbessern.

Für eine bessere (und detailliertere) Erklärung dieses Lebensstils kann man sich auf Olivia Telfords Hygge: Discovering The Danish Art Of Happiness beziehen. Das Buch beschreibt, wie Dänemark es schafft, die Liste der glücklichsten Länder durch den Hygge-Lebensstil anzuführen. Laut der Autorin ist "Hygge dazu gedacht, gefühlt und erlebt zu werden, und nicht definiert".

Friluftsliv

Aber was ist mit den Menschen, die sich erstickt fühlen, wenn sie zu lange in geschlossenen Räumen bleiben? Manche Menschen halten es für notwendig, nach draußen zu gehen, um sich frisch und glücklich zu fühlen. Die passende Lösung für solche Menschen ist der Friluftsliv-Lebensstil.

Friluftsliv bedeutet, der Natur nahe zu sein. Einen schönen Sonnenuntergang von Ihrer Dachterrasse zu genießen oder in einem schönen Garten spazieren zu gehen, sind Beispiele für den Friluftsliv-Lebensstil. Sie nehmen die Güte der natürlichen Umgebung auf, indem Sie sich im Freien aufhalten.

Die Idee ist, einen Adrenalinstoß zu bekommen, indem man diesen roboterhaften Lebensstil für einige Zeit verlässt. Sie könnten in die Berge fahren oder ein Picknick am See machen. Bei Friluftsliv geht es darum, sich durch die Verbindung zur Natur lebendiger und energiegeladener zu fühlen.

Da Friluftsliv auch ein skandinavischer Lebensstil ist, klingt es ziemlich abenteuerlich, dass die Einheimischen ihre Zeit draußen in der extremen Kälte verbringen wollen. Manche mögen sogar argumentieren, dass Hygge für das Klima passender erscheint. Aber für die Anhänger von Friluftsliv ist "das Wetter nicht unpassend, nur die Kleidung".

Denken Sie an die Gründe, die Sie oft anführen, wenn Sie nicht nach draußen gehen wollen. Geben wir es zu, das Wetter ist oft der Hauptgrund, der uns davon abhält, die Natur zu erleben. Das ist vor allem dann der Fall, wenn wir ein wenig traurig sind.

Aber indem wir uns in einem geschlossenen Raum verkriechen, wenn wir nur etwas frische Luft brauchen, machen wir alles nur noch schlimmer. Deshalb macht Friluftsliv solche Ausreden irrelevant. Es ist wie die praktische Anwendung des Konzepts "aufstehen, sich anziehen und auftauchen".

Der Begriff Friluftsliv wurde von einem norwegischen Dichter und Schriftsteller eingeführt. Bis heute ist Norwegen das Zentrum dieses Lebensstils. Einige relevante Informationen zum Erleben dieses Lebensstils auf dem Festland finden Sie hier:

https://gettraveldealsnow.com/8-great-reasons-to-experience-friluftsliv-in-norway/

Coorie

Als nächstes kommt der Coorie-Lifestyle, der dem Friluftsliv sehr ähnlich ist. Das schottische Wort "Coorie" bedeutet "kuscheln" oder "sich einmummeln". Coorie in" ist oft ein Ausdruck, mit dem die Erwachsenen dieser Gegend die Kinder zurück ins Haus rufen.

Aber als Lebensstil unterscheidet sich der Begriff ein wenig von seiner wörtlichen Bedeutung. Der Coorie-Lifestyle beinhaltet ein Gleichgewicht zwischen Ihren Verantwortlichkeiten und den einfachen Freuden des Lebens. Er tendiert eher zu Aktivitäten, die es Ihnen erlauben, sich in der freien Natur zu entspannen.

Das Leben auf die Coorie-Art zu leben, erfordert einen Rückzug vom Alltag, vorzugsweise im Freien. Genau wie Frifluftsliv betont Coorie, wie wichtig es ist, Zeit in der Natur zu verbringen, um Glück zu erlangen. Letzteres ist jedoch nicht so starr in seiner Bedeutung.

Beispiele für Aktivitäten im Coorie-Lebensstil sind Camping im Wald, Gartenarbeit, Angeln usw. Anstatt sich einer monotonen Routine hinzugeben, versuchen Sie, ab und zu eine Pause einzulegen. In dieser Zeit schalten Sie komplett ab und versuchen zu entspannen.

In letzter Zeit hat sich die Art und Weise, wie dieser Lebensstil beobachtet wird, leicht verändert. Wenn Sie die Zeit und die Ressourcen nicht aufbringen können, um touristische Orte zu besuchen, können Sie zumindest etwas Freizeit zu Hause genießen. Kreative Aktivitäten wie Kunst und Handwerk können auch eine ähnliche Freude bereiten, die man erlebt, wenn man im Freien ist.

Nord-Amerika

Der nordamerikanische Kontinent besteht aus Ländern wie Kanada, den USA, Mexiko, Grönland und vielen kleineren Inselnationen. Neben der einheimischen Bevölkerung leben hier auch viele andere Ureinwohner aus der ganzen Welt. Aus diesem Grund ist die Kultur eine Mischung aus verschiedenen Glaubensrichtungen und Traditionen.

Es ist also etwas schwieriger, den Lebensstil hier zu definieren. Aber eines haben all diese nordamerikanischen Nationen gemeinsam: ihre vorausschauende Planung. Von Neil Armstrong, der als erster Mensch den Mond betrat, bis hin zu Thomas Edison, der die Glühbirne erfand, wissen die Amerikaner sicherlich, wie man den Weg in die Zukunft ebnet.

Da diese beiden Namen vor allem zu den USA gehören, wollen wir unsere Diskussion auf das Land konzentrieren. Schließlich wäre es nicht falsch zu sagen, dass das Land für die meisten übrigen Teile der Welt wie das Gesicht des nordamerikanischen Kontinents ist. Viele US-Bürger haben sich in der Geschichte Popularität erworben, indem sie zu Trendsettern wurden oder einen zukünftigen Trend genau vorhersagten.

Cocooning

Eine Pionierin in dieser Hinsicht, Faith Popcorn, hatte bereits 1991 in ihrem Buch "The Popcorn Report" Cocooning als Lifestyle-Trend vorausgesagt. Die Autorin ist bekannt für ihre Treffsicherheit bei der Vorhersage von Zukunftstrends. In ihren Worten ist Cocooning "der Impuls, nach innen zu gehen, wenn es draußen einfach zu hart und unheimlich wird. Eine Hülle der Sicherheit um sich zu ziehen, um nicht der gemeinen, unberechenbaren Welt ausgeliefert zu sein - jenen Belästigungen und Übergriffen, die von unhöflichen Kellnern und Lärmbelästigung bis hin zu Crack-Kriminalität, Rezession und AIDS reichen. Beim Cocooning geht es um Isolation und Vermeidung, Ruhe und Schutz, Gemütlichkeit und Kontrolle - eine Art Hyper-Nesting."

Einfacher ausgedrückt: Cocooning ist der Drang, die meiste Zeit zu Hause zu verbringen. Es verlangt von Ihnen, Ihren Lebensstil und Ihre Routine so zu gestalten, dass Sie nicht regelmäßig nach draußen gehen müssen. Sie verlassen das Haus nur, wenn es notwendig ist.

Ein neuerer Text über diesen Lifestyle-Trend hat diesen Trend für heutige Leser besser erklärt. In Tess Jansens Cocooning Lifestyle heißt es: "In der Lage zu sein, in den eigenen vier Wänden, in seiner Glücksblase zu bleiben, ist nichts weniger als ein Luxus." So wird Cocooning als eine Art des Glücks dargestellt.

Im Jahr 2013 skizzierte ein Bericht, der von einer Forschungsagentur namens Wevolve für das European Forum on Forward-Looking Activities (EFFLA) erstellt wurde, die Lebensstiltrends, die in den USA und Europa bis zum Jahr 2020 vorherrschen werden. Die vier Haupttrends, die in dem Bericht genannt wurden, waren Augmented and Programmed Lives, Culture of Production and Sharing, Resilient and Proactive Citizens und The Quest for Purpose (*Zukünftige Lebensstile in Europa und in den USA im Jahr 2020*). Lassen Sie uns diese Untersuchung im Nachhinein betrachten und die prognostizierten Trends mit der Realität vergleichen.

Augmentierte und programmierte Leben

Der erste Lebensstil, "Augmented and Programmed Lives", sah eine stärkere digitale Vernetzung der Region voraus. Er prognostizierte bedeutende Entwicklungen im Bereich Wissenschaft und Technologie. Die Forschung erwähnte, dass sich Bereiche wie Gesundheit und Diagnostik verbessern werden, während Privatsphäre und Sicherheit größere Aufmerksamkeit benötigen.

Kultur der Produktion und des Teilens

Der zweite im Bericht behandelte Lebensstil ist die "Kultur der Produktion und des Teilens". Dieser Abschnitt beleuchtet aufkommende Trends wie DIY und eine Fülle von Informationen. Er deutet auch auf größere Möglichkeiten der Individualisierung hin.

Resiliente und proaktive Bürger

"Resilient and Proactive Citizens", wie der Name schon sagt, bezog sich auf die bevorstehenden Veränderungen im Verhalten der Menschen. Es wurde vorhergesagt, dass Prinzipien wie Diversität stärker betont werden würden. Und dass "Gemeinden und Städte inmitten unvorhersehbarer Störungen bestehen und gedeihen".

Die Suche nach dem Sinn

Schließlich wurde in "The Quest for Purpose" die Neubewertung des Lebens diskutiert. Es erwähnte eine Zunahme des Fokus auf Menschlichkeit und soziale Fragen. Kontemplationen wie "Worum geht es im Leben?

Wenn wir jetzt auf all diese Vorhersagen zurückblicken, können wir nicht anders, als über die Genauigkeit des Berichts zu staunen. Es ist fast so, als ob jemand in die Zukunft gereist wäre und dann zurückgekommen wäre, um Vorhersagen zu treffen. Es ist eine genaue Beschreibung der Realität im Jahr 2020.

Die Frage ist, was sagen die aktuellen Lebensstile über das Glücksniveau in der Region aus? Derzeit rangieren die Vereinigten Staaten auf Platz 18 in einer von Forbes präsentierten Liste der glücklichsten Länder (Bloom, 2020). Klingt doch gar nicht so schlecht, oder?

Aber andere qualitative Indikatoren erzählen uns eine andere Geschichte. Zum Beispiel haben die USA gerade ernsthafte politische Unruhen erlebt. Das ist nicht nur ein seltenes Ereignis für das Land, sondern zeigt auch den Grad der Frustration und Unzufriedenheit in der Bevölkerung.

Das Nachbarland Kanada ist auf dem Glücksindex weit vorne. Es liegt auf Platz 11 und genießt in letzter Zeit auch einen besseren Ruf in Sachen Frieden und Gleichberechtigung. Das spiegelt sich natürlich auch in der Zufriedenheit der Menschen wider.

Die wichtigste Erkenntnis aus dem Lebensstil dieses Kontinents für diejenigen, die nach Glück im Leben suchen, ist also, dass ein einfühlsamerer Umgang mit Menschen und der Umwelt im Allgemeinen hilft. Es erhöht die Zufriedenheit und verbessert auch die allgemeine Lebensqualität einer Gesellschaft. Um sich selbst wirklich glücklich zu fühlen, müssen wir uns auch um unsere Umgebung kümmern.

Eine weitere Sache, die man aus dieser Region lernen kann, ist, sicherzustellen, dass die Rechte der Bürger geschützt werden. Wenn Sie das nicht tun, wird das zu Unruhen führen, egal wie fähig und kontrolliert Ihre Verwaltung ist. Wir haben das kürzlich mit Bewegungen wie Black Lives Matter gesehen.

Und schließlich fühlen sich die Menschen auch glücklicher, wenn sie mehr Autonomie haben. Der DIY-Trend, über den wir gesprochen haben, ist nur ein kleines Indiz dafür. Wenn Menschen das Gefühl haben, dass ihr Leben ständig überwacht oder ihre Freiheit eingeschränkt wird, sind sie verärgert und frustriert über die Missachtung der Privatsphäre.

Südamerika

Südamerika hat eine durchweg lebendige Kultur. Ob es die Straßenkunst in Sao Paulo, Brasilien, oder der kolumbianische Cumbia ist, es gibt nichts Subtiles daran. Die Farben, die Kleidung und die Musik, alles ist laut und lebhaft.

Stellen Sie sich vor, Sie sind als Tourist in Argentinien und werden Zeuge einer Tangoaufführung an einer Straßenecke in Buenos Aires. Sie würden auch das Gefühl haben, alles andere zu vergessen und einfach nach Herzenslust zu tanzen. Das Leben würde Ihnen in diesem Moment sehr angenehm und erfreulich erscheinen.

In Bezug auf die Geographie hat Südamerika eine Vielzahl von Merkmalen zu bieten. Von Bergen über Flussgebiete bis hin zu Küstenlandschaften gibt es genug natürliche Schönheit, um Einheimische und Touristen gleichermaßen zu faszinieren. Die Vielfalt der Region lässt sich daran ermessen, dass sich hier sowohl der größte Regenwald der Welt, der Amazonas, als auch der trockenste Ort, die Atacama-Wüste, befinden.

Leider haben die meisten Länder Südamerikas immer noch eine signifikant hohe Armutsrate. Das ist wahrscheinlich der Grund, warum all diese erstaunlichen Landschaften nicht in vollem Umfang genutzt werden. Der Tourismus ist in vielen Teilen immer noch nicht so sehr aufgeblüht, wie er es hätte tun sollen.

Die politischen Aspekte dieser Region sind jedoch eine ganz andere Debatte. Das "Glück" der Menschen in Südamerika kommt aus ihrem täglichen Handeln und nicht aus der Art und Weise, wie der Staat sie behandelt. Ihre unbekümmerte Art lässt sie jeden Moment genießen, trotz einiger Herausforderungen, denen die Wirtschaft gegenübersteht.

Eine auf der Website der IDB veröffentlichte Studie spricht von der gleichen Diskrepanz zwischen dem BIP und dem Glücksniveau der südamerikanischen Ureinwohner (Conci, 2019). Sie führt den Stolz auf die kulturellen Werte auf die Lebenszufriedenheit zurück. Der Artikel diskutiert auch die Auswirkungen eines starken Systems der emotionalen Unterstützung auf das geistige und psychische Wohlbefinden des Einzelnen.

Das gibt uns also die erste Lektion in Sachen Glück aus diesem Teil der Welt. Resilienz ist eine ideale Eigenschaft für jeden, der glücklich bleiben will. Niemand kann die Abwesenheit von Widrigkeiten im Leben garantieren, aber man kann sich sicherlich dafür entscheiden, von ihnen unbeirrt zu bleiben.

Wenn Sie in der Nähe Ihrer Lieben bleiben, können Sie sich weniger Sorgen über materialistische Dinge machen. Die Kommunikation mit jemandem, der Sie versteht und Sie bedingungslos liebt, kann therapeutisch sein, egal wie schwierig die Situation ist. Starke emotionale Verbindungen zu haben, hilft bei der Aufrechterhaltung einer gesunden geistigen Gesundheit.

Für diejenigen, die keinen verlässlichen sozialen Kreis haben: Erinnern Sie sich an den Touristen, der den Tango in dem Beispiel von vorhin beobachtet? Allein das Anhören der Erzählung dieser Szene kann Sie lebendig und energiegeladen machen. Also, selbst wenn Sie kein dauerhaftes Unterstützungssystem haben, kann die Umgebung mit Menschen, die das Leben genießen wollen, auch Ihr Glück sicherstellen.

Die südamerikanische Kultur entwickelte sich mit verschiedenen Einflüssen von Zeit zu Zeit zu dem, was sie heute ist. Zuerst waren es nur die indigenen Stämme und ihre Traditionen, dann gab es eine Welle von afrikanischem Einfluss, gefolgt von den Bräuchen, die von asiatischen und europäischen Einwanderern eingeführt wurden. Daher hat der Lebensstil derzeit einen Geschmack von jeder dieser verschiedenen Kulturen.

Eine weitere Botschaft, die diese Entwicklung vermittelt, ist, dass wir, anstatt neue Einflüsse mit Verachtung zu betrachten, die besten Teile auswählen und in unser Leben einbauen können. Das wird die Qualität unseres Lebens nur verbessern. So wie das Hinzufügen neuer und duftender Blumen die Schönheit eines Blumenstraußes erhöht.

Antarktis

Es mag sich absurd anfühlen, dass die Antarktis in einer Diskussion über Lebensstile erwähnt wird. Das Gebiet hat nicht einmal eine ständige Bevölkerung, um es einmal so auszudrücken. Aber wir konnten die Region einfach nicht ihres Status als Kontinent berauben.

Wenn Sie in die Vergangenheit zurückgehen, erinnern Sie sich vielleicht an das Zeichnen von Iglus als Teil des antarktischen Lebensstils. Was in der Kindheit wie eine lustige Aktivität aussah, hat eine ernstere Bedeutung, wenn man es als Erwachsener wahrnimmt. Diese Iglus waren symbolisch für einen bestimmten Lebensstil.

Die Form eines Iglus ist der einer Schildkröte recht ähnlich. Auch die Schildkröte versteckt sich vor vermeintlicher Gefahr in ihrem kuppelförmigen Panzer. Beim Iglu versteckt sich der Mensch vor extremer Kälte und Schnee in der Kuppelkonstruktion.

In einer rauen Umgebung wird das Überleben zur obersten Priorität eines jeden Lebewesens. Etwas Wärme und Schutz vor den Minusgraden kann dazu beitragen, dass man sich besser fühlt. Es wäre also nicht falsch zu sagen, dass das Gefühl von Sicherheit und Geborgenheit die erste und wichtigste Voraussetzung ist, um sich glücklicher zu fühlen.

Die Antarktis wird jedes Jahr von ein paar tausend Menschen besucht. Manchmal sind Teams für mehrere Monate dort stationiert. Aber abgesehen davon leben auf dem Kontinent nicht regelmäßig Menschen.

Wer also dort vorübergehend leben muss, sucht nicht nach einem komfortablen Leben oder einem luxuriösen Leben. Es geht nur darum, das raue Klima zu überleben. Solche Erfahrungen können uns eine Menge über grundlegende menschliche Instinkte lehren.

ZUSAMMENFASSEND LÄSST SICH SAGEN, DASS SIE SICH NICHT GLÜCKLICH FÜHLEN KÖNNEN, WENN SIE SICH BEDROHT ODER UNSICHER FÜHLEN.

WENN SIE EIN GLÜCKLICHERES LEBEN FÜHREN WOLLEN, MÜSSEN SIE LERNEN, ALLES LOSZUWERDEN, WAS IHREN GEISTIGEN FRIEDEN BEDROHT.

WENN SIE SICH GEISTIG UND KÖRPERLICH WOHLFÜHLEN, WIRD SICH IHRE STIMMUNG DEUTLICH VERBESSERN.

Dazu müssen Sie Ihre Umgebung weise wählen. Jede Person oder Sache, die Ihr Glück ruiniert, gehört nicht in Ihr Leben. Sie müssen auch lernen, sich vorübergehend an schwierige Situationen anzupassen, solange Sie Ihren Fokus auf das ultimative Ziel, das Erreichen des Glücks, gerichtet halten.

Australien

Es wird oft gesagt, dass kleinere Einheiten einfacher zu verwalten sind. Ebenso neigen kleinere Kontinente dazu, weniger Probleme zu haben, da es weniger Länder gibt. Zum Glück für Australien ist diese Zahl recht klein.

Es ist nicht so, dass ein Kontinent eine Einheit ist, die von einer einzigen Verwaltung geführt wird. Aber je weniger autonome Nationen in einem Gebiet leben, desto geringer ist die Wahrscheinlichkeit, dass Konflikte entstehen. Australien wird manchmal als Ozeanien bezeichnet, um es von dem größten Land des Kontinents zu unterscheiden, das auch den gleichen Namen trägt, nämlich Australien.

Auf diesem Kontinent gibt es mehrere kleine Inseln. Die Lebensstile sind aufgrund der Ähnlichkeiten in den geografischen Merkmalen recht ähnlich. Aber der bedeutendste Teil bleibt das Land Australien, das zufällig auch das sechstgrößte Land der Welt ist (nach Fläche).

Der Aussie Way of Life

Der australische Lebensstil, oder informell der Aussie Way of Living, ist ziemlich lässig. Die Nation erfreut sich in vielen Sportarten der Welt großer Beliebtheit, was zeigt, dass ihre Energie auf die richtige Weise kanalisiert wird. Bemerkenswerte Beiträge wurden in Cricket, Rugby, Leichtathletik, etc. geleistet.

Aber das ist nicht der einzige Indikator dafür, dass sich die Jugend des Landes gesundheitsfördernden Aktivitäten hingibt. Das Land hat eine der höchsten Lebenserwartungsraten der Welt. Dies kann nur erreicht werden, wenn sowohl die geistige als auch die körperliche Gesundheit gut gepflegt wird.

Apropos Gesundheitsversorgung: Das Land verfügt über ein gut ausgebautes System. Das Gleiche kann man über andere Notwendigkeiten/Einrichtungen sagen, die ein Staat seinen Bürgern schuldet. Insgesamt wird das Land seinem Ruf gerecht, eine der am weitesten entwickelten Nationen der Welt zu sein.

Als Gesellschaft haben die Aussies eine hohe Wertschätzung für ihre Werte. Dazu gehören Gleichheit, Freiheit, Toleranz, Mitgefühl, etc. Lassen Sie uns anhand der folgenden Berichte einen genaueren Blick auf den australischen Lebensstil werfen.

Ein Artikel mit dem Titel "A Handy Guide To the Australian Lifestyle", der auf australia.com geteilt wurde, würde Ihnen alles sagen, was Sie als potentieller Tourist wissen müssen. Er enthält Informationen über die Einstellung der australischen Bevölkerung, die Kulturgeschichte, die Liebe zum Essen und zu gemeinsamen Festen, etc. Aber der relevanteste Teil für Sie, wenn Sie planen, das Land zu besuchen, ist der über das Leben im Freien.

Es ist hier erwähnenswert, dass die australische Landschaft im gesamten Gebiet drastisch variiert. Von atemberaubenden Korallenriffen und Stränden bis hin zu schneebedeckten Bergen, von Regenwäldern bis hin zu Wüsten, das Land hat alles zu bieten. Wenn Sie also mehr über die verschiedenen geografischen Besonderheiten erfahren möchten, ist es ratsam, sich bei der Planung Ihrer Reise ausreichend Zeit zu nehmen.

Das Leben im Freien besteht aus lustigen Aktivitäten wie Kajakfahren, Fahrradfahren, Schwimmen usw. Australier warten nicht auf eine Urlaubszeit oder eine Pause vom Arbeitsalltag. Sie genießen solche Freizeitaktivitäten regelmäßig.

Ein Bericht von Commisceo Global listet alle hervorstechenden Merkmale der australischen Kultur recht umfassend auf. Der Bericht erwähnt die "australische Bescheidenheit" und behauptet, dass die Australier großen Wert auf Authentizität und Bescheidenheit legen. Er führt auch einige selbsterklärende Belege für diese Bescheidenheit auf.

Dem Bericht zufolge prahlen Aussies zum Beispiel nicht gerne mit ihren Leistungen und missbilligen auch, wenn jemand anderes das Gleiche tut. Sie genießen selbstironischen Humor, was für arrogante Menschen unmöglich ist. Außerdem spielen die Australier ihre Erfolge herunter, "damit sie nicht als leistungsorientiert wahrgenommen werden.

Eine weitere allgemein bekannte Angewohnheit der Landsleute ist, dass sie sich gegenseitig freundlich als "mates" ansprechen. Sogar die am weitesten verbreitete Begrüßung im Land ist "g'day mate" (d.h. guten Tag, Kumpel). Australier halten die Dinge gerne informell und mögen keine Verstellung jeglicher Art.

Da wir zuvor die australischen Werte erwähnt haben, ist es wichtig, einige weitere Einblicke über dieselben zu geben. Lassen Sie uns dazu auf einen Meinungsartikel auf der Website von ABC News verweisen. Der Artikel aus dem Jahr 2017 trägt den Titel "Die 10 wichtigsten australischen Werte, die Australien so wertvoll machen".

Der Autor führt einfache Dinge wie das Sitzen auf dem Vordersitz im Taxi und "das Geschenk des Naturstreifens" als Teil der australischen Werte an. Er äußert seinen Unmut darüber, dass man bei der Anmietung eines Taxis auf den Rücksitz hüpft, was in einigen anderen Kulturen die Norm ist. Mit 'Geschenk des Naturstreifens' erklärt er, dass alles, was in einem Haushalt weggeworfen wird, von einem Passanten ohne Frage oder Erklärung mitgenommen werden kann.

Das Verstehen des Motivs hinter diesen eher einfachen Traditionen erfüllt Sie mit Respekt für die Kultur. Als Egalitaristen wollen die Australier keinen anderen Menschen erniedrigen oder auf ihn herabsehen. Sie wollen jeden als Gleichen behandeln.

Verständlicherweise würden sich alle Bewohner mit dieser Art von Respekt recht zufrieden und glücklich fühlen. Es gibt weniger Chancen auf Ungerechtigkeit, was automatisch die Zufriedenheit erhöht. Es reduziert auch das Auftreten von Straßenkriminalität wie Diebstahl und Überfall.

Aufgrund der hohen Wertschätzung all dieser Werte gehört Australien zu den bestregierten Ländern der Welt. Daher können andere Regionen sicherlich von seinem Beispiel lernen, um eine glücklichere Bevölkerung zu gewährleisten. Die Fokussierung auf Gerechtigkeit und Gleichheit kann helfen, verschiedene soziale Probleme zu lösen, die in verschiedenen Teilen der Welt vorherrschen.

Afrika

Vor ein paar Jahren ging ein Bild eines nigerianischen Kindes mit einer weiblichen Entwicklungshelferin viral. Auf dem Bild war ein 2-jähriger Junge zu sehen, der ausgesetzt wurde, weil er eine "Hexe" war. Die Entwicklungshelferin half dem Kind, Wasser aus der Flasche zu trinken, die sie in der Hand hielt.

Durch dieses Bild erfuhr die Welt von einem extrem giftigen Trend, der in diesem Teil der Welt vorherrscht. Das verlassene Kind war in extrem schlechtem Gesundheitszustand und sein Zustand sensibilisierte die Welt für das Thema. Daraufhin gab es einen immensen Zustrom an Unterstützung aus der ganzen Welt für die Sache, solche Kinder zu retten und ihnen eine bessere Zukunft zu geben.

Durch die sozialen Medien erfahren wir oft von Bräuchen in anderen Teilen der Welt, die wir gar nicht kennen. Wir erkennen, wie begrenzt unser Wissen ist und wie abgekoppelt wir vom Rest der Menschheit sind. Es ist viel einfacher, in den sozialen Medien Höflichkeiten auszutauschen, als daran zu arbeiten, den Zustand der weniger glücklichen Bevölkerung der Welt zu verbessern.

Der Zweck, diese Diskussion mit diesem Beispiel zu beginnen, ist nicht, eine bestimmte Gruppe von Menschen herabzusetzen. Es soll nur die Aufmerksamkeit von den bequemen Lebensstilen ablenken, die wir zuvor besprochen haben. Hin und wieder brauchen wir alle solche Augenöffner.

Es wäre unfair, den afrikanischen Lebensstil mit anderen Kontinenten zu vergleichen, die ihm in Sachen Entwicklung um Jahre voraus sind. Aber wie wir auch in anderen Regionen gesehen haben, bedeutet eine schlechte wirtschaftliche Lage nicht unbedingt auch ein schlechtes Glücksniveau. Die Menschen können sich dafür entscheiden, trotz aller Schwierigkeiten glücklich zu sein.

Doch in Afrika sind die Unannehmlichkeiten, denen die Menschen täglich ausgesetzt sind, alles andere als gering. Für einen Besucher aus einem entwickelten Land würde das Leben hier ziemlich unerträglich erscheinen. Von extremer Armut geplagt, haben die Einheimischen nicht einmal Zugang zu den Grundbedürfnissen des Lebens.

Die Unterkünfte sind meist informell und es gibt keine richtige Infrastruktur. Einrichtungen wie sanitäre Anlagen und die Versorgung mit sauberem Wasser sind fast nicht vorhanden. Kurzum, wenn man über den afrikanischen Lebensstil spricht, hat man fast ein schlechtes Gewissen, weil man sich von der Region ein paar Glückstipps erwartet.

Aber im Sinne der Rettung, was wir können, lassen Sie uns auf die kulturellen Aspekte dieser Gegend konzentrieren. Und die afrikanische Kultur enttäuscht in keiner Weise. Von der farbenfrohen Kleidung bis zur Musik der Trommelschläge ist sie so lebendig, wie sie nur sein kann.

So wie ein Mensch auf dem Sterbebett den Wert der Zeit besser kennt als jeder andere, scheint es, dass

Menschen in Not die Bedeutung des Glücks mehr erkennen als diejenigen, die bequem leben. Trotz aller Schwierigkeiten, mit denen die afrikanischen Ureinwohner konfrontiert sind, lassen sie keine Gelegenheit aus, das Leben zu genießen. Man kann sehen, wie sich ihre Lebensfreude in Kunst und Handwerk, Küche, Kleidung, Folklore und all den alltäglichen Angelegenheiten widerspiegelt.

Wenn Ihnen jemand einfach sagt, dass Sie in allen Situationen glücklich sein sollen, mag das wie ein hohler Ratschlag klingen. Aber wenn man sieht, dass Menschen mit gutem Beispiel vorangehen, dann inspiriert einen das ungemein. In puncto Glück kann man von den weniger privilegierten Bereichen viel lernen.

Asien

Um einen starken Kontrast zwischen zwei Dingen zu bezeichnen, bezeichnen wir sie oft als so unterschiedlich wie Ost und West. Normalerweise wird das Gleichnis verwendet, um die Unterschiede zwischen den Kontinenten der östlichen und westlichen Hemisphäre zu betonen. Aber bei Asien könnte dies sogar den Unterschied zwischen den östlichen und westlichen Teilen desselben Kontinents bedeuten.

Asien ist der größte unter allen sieben Kontinenten. Es umfasst nicht nur die größte Fläche, sondern hat auch die höchste Bevölkerungszahl. Außerdem umfasst es mehrere verschiedene Nationen mit völlig unterschiedlichen Lebensstilen, so dass es wie eine ganze Welt für sich erscheint.

Daher ist es ein wenig schwierig, allen Kulturen auf einmal gerecht zu werden. Jede ethnische Gruppe, die auf dem Kontinent lebt, hat eine ausgefeilte Geschichte und eine Reihe von Traditionen. Um einen kurzen Überblick über die herausragenden Lebensweisen zu erhalten, kann der Kontinent in fünf Unterregionen unterteilt werden, um die Diskussion der verschiedenen Kulturen zu erleichtern.

Diese sind nämlich Zentralasien, Ostasien, Südasien, Südostasien und Westasien. Jeder dieser Teile hat aufgrund der geografischen Lage und des Einflusses auf die politische Dynamik eine herausragende globale Präsenz. Asien ist auch der am schnellsten wachsende Kontinent in Bezug auf die Wirtschaft.

Angefangen mit Zentralasien, haben wir Länder wie Kasachstan, Kirgisistan, Turkmenistan, Tadschikistan und Usbekistan in dieser Region. Alle diese Nationen waren früher Teil der UdSSR. Die heutige Kultur in Zentralasien ist eine Mischung aus nahöstlichen Werten und russischem Einfluss.

Die Menschen in Zentralasien gehören überwiegend dem muslimischen Glauben an. Die Landschaft in dieser Region wird von Steppen (eine Landform, die typischerweise unbewaldetes Grasland umfasst) und Wüsten dominiert. Das Klima ist im Allgemeinen trocken mit sehr geringen Niederschlagsmengen.

Das Gebiet wurde in verschiedenen Epochen von den Chinesen, den Türken, den Mongolen und den Russen besetzt. Daher umfasst die Kultur Sitten und Gebräuche verschiedener ethnischer Gruppen. Die Region hatte vor den 1990er Jahren keine eigene Identität und daher ist ihre Kultur nicht allzu gut dokumentiert.

Insgesamt ist der Lebensstil hier einfach und konservativ. Die Menschen in Zentralasien sind herzlich und gastfreundlich. Da diese Nationen erst vor relativ kurzer Zeit ihre Unabhängigkeit erlangt haben, sind sie noch auf dem Weg, sich in der globalen Landschaft zu profilieren.

Das Glücksniveau in Zentralasien ist nicht allzu beeindruckend. Wiederholte Besetzungen und Eroberungen haben wohl dazu geführt, dass die Menschen unzufrieden sind. Die gute Nachricht ist: Diese Länder sind endlich frei, ihr Glück zu finden.

Für den Moment können wir also mit Sicherheit sagen, dass ungerechte Behandlung bei keinem Menschen gut ankommt. Sie führt über kurz oder lang zum Verfall der gesamten Gesellschaft. Wenn wir für eine glücklichere Welt eintreten, bedeutet das automatisch, dass wir gegen Ungerechtigkeit und illegale Besetzungen eintreten.

Wenn man sich nach Ostasien begibt, ist das fast so, als würde man einen anderen Planeten betreten. Mit der Präsenz von Supermächten wie China und Japan befindet sich die Region auf einer anderen Entwicklungsstufe. Wenn man den Statistiken Glauben schenken darf, wird die Region in den kommenden Jahren die westlichen Volkswirtschaften überholen.

Prominente ostasiatische Länder wie China, Japan, Südkorea und Taiwan sind alle hoch entwickelt. Es wäre nicht falsch zu sagen, dass wenn irgendeine Region in Asien die Ressourcen hat, um mit innovativen Lebensstilen zu experimentieren, dann ist es Ostasien. Natürlich gibt es auch kleinere Länder, die sich noch abmühen, aber schauen wir mal, was wir von diesem Teil der Welt über Glück lernen können.

Mottainai

Der relevanteste, moderne Lifestyle-Trend, der aus Ostasien (oder Asien im Allgemeinen) kommt, ist Mottainai. Das japanische Wort ist ein Ausruf, der mit "Was für eine Verschwendung!" übersetzt werden kann. Mit anderen Worten, der Begriff wird verwendet, um das Bedauern über die Verschwendung von etwas auszudrücken.

Als Lebensstil besteht das Konzept von Mottainai darin, seine Ressourcen sorgfältiger zu nutzen. Anstatt verschwenderisch zu sein, recyceln und verwenden Sie, was immer Sie können. Während Umweltschützer oft die 3 Rs verwenden, um einen umweltfreundlichen Lebensstil zu erklären, d.h. Reduce, Recycle und Reuse, fügt Mottainai dieser Liste noch ein viertes R hinzu, das Respect bedeutet.

Das bedeutet, dass Sie all den Dingen, die Sie benutzen, Respekt entgegenbringen. Wenn Sie anfangen, die Dinge zu respektieren und wertzuschätzen, würden Sie sie nicht achtlos wegwerfen. Das Konzept findet seinen Ursprung in dem buddhistischen Glauben, dass alles einen Geist hat und freundlich behandelt werden muss.

Die Idee, nicht verschwenderisch zu sein, erstreckt sich auf Lebensmittel, Kleidung oder jedes Produkt, das Sie verwenden. Wenn Sie diese Denkweise in Ihren Lebensstil einbauen, werden Sie automatisch anfangen, über innovative Wege nachzudenken, um Verschwendung zu reduzieren. Der erste Schritt besteht darin, das Leben und alles, was es enthält, als ein unglaubliches Geschenk zu betrachten, das man wertschätzen muss.

Was dies mit uns macht, ist, dass es uns erdet und Bescheidenheit in unsere Persönlichkeit einflößt. Man kümmert sich mehr um Objekte, die Umwelt und auch um andere Menschen. Dieses tugendhafte Verhalten hilft also dabei, Zufriedenheit und inneren Frieden zu steigern.

Südasien besteht aus Ländern wie Indien, Pakistan, Bangladesch, Sri Lanka, Afghanistan, Nepal, Bhutan und den Malediven. Der größte Teil dieses Gebiets stand lange Zeit unter der Herrschaft der Mogul-Kaiser. Ihr verschwenderischer Lebensstil wird immer noch für die Verschwendung wertvoller Ressourcen kritisiert, die für dieses Gebiet ein Gamechanger hätten sein können.

Die Geschichte ist durchzogen von Kriegen, politischer Instabilität und vielen sozialen Problemen. Indien, Pakistan und Bangladesch waren in der Vergangenheit gemeinsam als der Subkontinent bekannt. Das Gebiet musste sich seinen Weg in die Unabhängigkeit vom britischen Raj und anschließend von einander erkämpfen.

Afghanistan leidet noch immer unter den Folgen des Krieges. Es ist einer der unglücklichsten Orte der Welt. Den übrigen Nationen geht es auch nicht viel besser.

Doch an natürlichen Ressourcen mangelt es der Gegend nicht. In den meisten Teilen leben die Menschen von der Landwirtschaft und Viehzucht. Südasien ist mit einer Vielzahl von schönen Landschaften gesegnet.

Obwohl das Wachstum des Wissenschafts- und Technologiesektors in letzter Zeit an Fahrt aufgenommen hat, hat die Region in Bezug auf die Entwicklung noch einen langen Weg vor sich. Das glücklichste südasiatische Land ist Pakistan (Platz 66 in der Welt), gefolgt von den Malediven (Platz 87 in der Welt) und Nepal (Platz 92 in der Welt) (Sheikh, 2020).

Obwohl diese Zahlen nicht großartig sind, erscheinen sie wie ein Wunder, wenn man sich die Herausforderungen ansieht, mit denen diese Länder konfrontiert waren. Hohe Armutsraten, Terrorismus und Blutvergießen, Naturkatastrophen und so weiter. Dennoch bleiben die Menschen fröhlich und enthusiastisch, anstatt sich über ihre Probleme zu beklagen.

Südasiaten sind sehr stolz auf ihr Erbe und ihre Geschichte. Sie sind extrem stolz auf ihre Vorfahren, die für ihre Freiheit gekämpft haben. Patriotismus und die Erinnerung an die Opfer ihrer Vorväter lassen sie dankbar bleiben, egal wie schwierig die Situation wird.

In Südostasien gibt es sowohl Festland als auch Inselstaaten. Es ist also eine Mischung aus Binnenland und Küstengebieten. Bekanntere Länder aus dieser Region sind Indonesien, Malaysia, Thailand, Singapur, Philippinen, etc.

Aufgrund ihrer einzigartigen Lage und landschaftlichen Schönheit ist die Region bei internationalen Touristen ziemlich berühmt. Besucher können das exotische Strandleben erleben oder die einzigartige Architektur genießen. Die Region bietet eine Vielzahl von ebenso verlockenden Möglichkeiten.

In letzter Zeit gab es eine Menge Beschwerden über Umweltschäden. Das Gebiet ist aufgrund menschlicher Nachlässigkeit mit schweren Problemen konfrontiert worden. Neben der Verstädterung und der Abholzung der Wälder ist auch die Nachlässigkeit der Touristen eine der Hauptursachen für diese Umweltprobleme.

Wir müssen also verstehen, dass wir, wenn wir Freude an etwas haben, auch lernen müssen, es zu schätzen. Ausbeutung wird nur dazu führen, dass unser Glück schneller verschwindet, als uns bewusst wird. Wir können nicht die Gründe für unser Glück zerstören und dann dasitzen und uns darüber beschweren.

Gefährdete Arten, Fragen der Wassersicherheit, Verschmutzung sind alles Beispiele für Probleme, die wir selbst geschaffen haben. Heutzutage verursachen diese Probleme großen Kummer. Um glücklicher zu leben, sollten wir daher unserer Umwelt und ihren Bestandteilen mehr Aufmerksamkeit schenken.

Die Region Westasien schließlich wird von der arabischen Halbinsel dominiert. Das Gebiet wird oft im Nahen Osten zusammen mit Ägypten und der Türkei gruppiert. Aber der Haupteinfluss auf die Gesamtkultur bleibt der der arabischen Länder, einschließlich Saudi-Arabien, VAE, Bahrain, Oman, Kuwait, etc.

Die Araber sind bekannt für ihre Extravaganz und ihren verschwenderischen Lebensstil. Die ölreichen Nationen genießen einen recht hohen Lebensstandard. Für diese Diskussion nehmen wir an, dass diese Länder repräsentativ für Westasien im Allgemeinen sind.

Die arabischen Länder schneiden in Glücksrankings beachtlich gut ab. Ob das etwas mit dem Reichtum der Region zu tun hat, bleibt unklar. Aber es gibt andere

Eigenschaften, auf die wir dieses Glück zurückführen können.

Die Araber mögen es zum Beispiel, sich unter andere zu mischen, anstatt eine private Zeit zu genießen. Sie mögen es, mit Ehre und Würde zu leben. Sie sind auch für ihre Großzügigkeit bekannt.

Die Behauptung, dass die Einhaltung dieser Werte Ihnen helfen kann, glücklicher zu leben, klingt ziemlich einfach, nicht wahr? Nun, nicht in der heutigen Zeit. Heutzutage ist es ziemlich schwierig, sich an solche Überzeugungen zu halten.

Insgesamt muss man versuchen, ein Gleichgewicht zwischen der Erfüllung materieller Bedürfnisse und der Entwicklung eines gesunden Charakters zu finden. Wenn man sich zu sehr auf eines von beiden verlässt, kann man sich unvollständig fühlen. Sie müssen auch bedenken, dass sich Ihre Konzepte mit dem Alter weiterentwickeln und dies ein unendlicher Prozess sein wird.

Globale Lebensstile: ein Überblick

Aus der obigen Diskussion können wir schließen, dass es von jeder Kultur etwas zu lernen gibt. Es gibt in jeder Situation etwas Gutes, das wir nicht erkennen, wenn wir zu eindimensional werden. Kurzum, das Leben ist nicht immer ein Zuckerschlecken und das sollte kein Grund für Ihr Unglücklichsein sein.

Obwohl die hervorstechenden Merkmale jedes Kontinents Ihnen eine Vorstellung von den verschiedenen Kulturen auf der Welt gegeben hätten, ist diese Liste bei weitem nicht vollständig. Die Wahrheit ist, dass es fast unmöglich ist, alle Aspekte so vieler Lebensstile in einem einzigen Text zu behandeln. Selbst die Erörterung der verschiedenen Ethnien, die innerhalb eines Landes leben, würde eine längere Diskussion erfordern, als wir es getan haben, um die gesamte Welt abzudecken.

Die Idee ist, diese Informationen als Ausgangspunkt zu verwenden und Ihre gründliche Analyse durchzuführen. Sie müssen nicht einen Lebensstil in seiner Gesamtheit übernehmen. Sie können die besten Teile jedes Lebensstils auswählen und Ihren eigenen Weg zu einem komfortableren Leben finden.

Je mehr Sie die Welt erkunden, desto mehr Ideen werden Sie für ein glücklicheres Leben haben. Zum Glück muss man heutzutage nicht einmal mehr reisen, um etwas über andere Kulturen zu erfahren. Alle Informationen, die Sie vielleicht brauchen, sind nur einen Klick entfernt im Internet zu finden.

Unser Ziel ist es, Ihre Augen für neuere Möglichkeiten zu öffnen. Wenn Sie mehr über die Welt lernen, beginnen Ihre Probleme und Sorgen klein und unbedeutend zu erscheinen. Wenn Sie sich gezwungen fühlen, etwas von dem, was Sie über die anderen Teile der Welt gelernt haben, anzuwenden, sind Sie dem Glück schon einen Schritt näher.

Leben nach COVID-19

Die Welt befindet sich gerade in einer einzigartigen Krise. Der Kampf, sicher und geschützt zu bleiben, ist fast schon zu einem Lebensstil geworden. Das vergangene Jahr hat viele Veränderungen in unser Leben gebracht und der Trend wird sich wahrscheinlich auch in den nächsten Monaten fortsetzen.

Obwohl dies eine einmalige Situation ist, muss sie nicht unbedingt als Strafe ausgegeben werden. Die Menschheit kämpft einen Krieg gegen einen gemeinsamen Feind, der von uns verlangt, dass wir stark und optimistisch bleiben. Dieser Kampf ist für die Nerven anstrengender als für die körperlichen Fähigkeiten.

Glücklicherweise decken sich mehrere Trends, die wir im obigen Text erwähnt haben, auch mit der aktuellen Situation. Die intermittierenden Lockdowns auf der ganzen Welt verlangen nach Out-of-the-Box Lösungen, genau wie die, die wir im Text oben vorgestellt haben.

Bei Hygge geht es darum, es sich zu Hause gemütlich zu machen. Cocooning erfordert, dass man die meiste Zeit zu Hause bleibt. Niksen genießt den Müßiggang für einige Zeit.

Auf die eine oder andere Weise ist das alles, was wir bisher getan haben. Wir bleiben zu Hause, um uns zu schützen und versuchen, das Beste aus dieser Zeit zu machen. Es ist fast so, als würde uns das Universum eine Botschaft geben, unseren Lebensstil zu reparieren.

Eine weitere Lektion, die uns diese ganze Situation gelehrt hat, ist, dass wir viel besser für unsere Herausforderungen gerüstet wären, wenn wir anfangen würden, Informationen auszutauschen. Es wird zu Recht gesagt, dass zwei Köpfe besser sind als einer. Wenn wir unsere Denkfähigkeiten kombinieren können, um eine größere Einheit zwischen den Nationen zu schaffen, würde das Leben viel einfacher werden.

Ich will daraus keine politische Debatte machen, aber schauen Sie sich an, was um uns herum passiert. Es ist wie ein Rattenrennen, bei dem die weniger glücklichen Nationen der Gnade der Supermächte ausgeliefert sind. Während wir vielleicht nicht die Macht haben, die globale Dynamik zu verändern, können wir zumindest in unserem individuellen Leben etwas anders machen.

Die letzte Zeit war für alle ziemlich traumatisch. Einige haben gesundheitlich gelitten, andere haben ihre Liebsten verloren und einige mussten Verluste am Arbeitsplatz hinnehmen. Auf die eine oder andere Weise hat jeder von uns persönliche Rückschläge erlitten.

Abgesehen davon war es eine albtraumhafte Erfahrung, so viele Tragödien in der Welt zu sehen. Daher müssen wir zweifellos die notwendigen Schritte unternehmen, um uns von all diesen Ereignissen zu heilen und zu erholen. Wir müssen auch uns selbst verändern und die wichtigen Lebenslektionen nutzen, die uns diese Zeit gelehrt hat. Schauen wir uns einige Dinge an, die wir für die Zukunft im Hinterkopf behalten müssen.

Setzen Sie Ihre Prioritäten zurück

Dies war auch eine Zeit, in der einige dringend benötigte Erkenntnisse gewonnen wurden. Die Menschen haben erkannt, dass sie sich zu sehr auf einen einzigen Aspekt konzentriert und alles andere im Leben vernachlässigt haben. Einige haben beschlossen, mehr Zeit mit der Familie zu verbringen, während andere sich vorgenommen haben, mehr zu reisen. Stellen Sie in jedem Fall sicher, dass Ihre Prioritäten mit Ihrem Glück in Einklang stehen und nicht mit irgendeinem äußeren Druck.

Machen Sie häufig Pausen

Das Leben kam für einige Zeit fast überall zum Stillstand. Aber diese Pause war vorübergehend und notwendig, um die Gesundheit und das Wohlbefinden aller zu schützen. Ungeduld hätte sich in dieser Zeit als tödlich erwiesen (und das tat sie leider auch, für einige Menschen). Wann immer Sie also das Gefühl haben, dass die Dinge zu überwältigend werden, schalten Sie einfach von allem ab und nehmen Sie sich etwas Zeit, um zu entspannen.

Hilfe suchen

Unser Stolz hält uns oft davon ab, unsere verletzliche Seite zu zeigen. Vielen Menschen ist es unangenehm zuzugeben, dass sie mit ihren Emotionen zu kämpfen haben. COVID-19 und die damit zusammenhängenden Probleme waren ein einmaliges Ereignis, das man nur einmal im Leben erlebt. Deshalb sollten

Sie Ihre Gefühle mit einem geliebten Menschen teilen oder bei Bedarf professionelle Hilfe in Anspruch nehmen.

Rücksicht nehmen

Während dieser Pandemie fühlte es sich nicht richtig an, einen persönlichen Gewinn zu feiern, wenn die Welt so sehr leidet. In Zukunft müssen wir uns daran erinnern, dass unsere Feiern nicht die Gefühle der weniger Privilegierten verletzen sollten. Anstatt Ressourcen zu verschwenden und extravagant zu sein, sollten wir versuchen, unser Privileg zu nutzen, um anderen zu helfen.

Achten Sie auf sich selbst

Wenn Sie gut geschlafen haben, sich Zeit für Selbstfürsorge genommen haben, ein Buch gelesen haben oder etwas getan haben, das Sie mögen und sich wie eine Leistung anfühlt, denken Sie noch einmal darüber nach. All diese Dinge sollten ein regelmäßiger Teil Ihrer Routine sein und nicht getan werden, weil ein Lockdown Ihnen viel freie Zeit verschafft hat. Ob es 5 Minuten oder 1 Stunde ist, es sollte jeden Tag etwas Zeit für Ihr Wohlbefinden sein.

KAPITEL 3
WAS BESTIMMT IHREN LEBENSSTIL?

Eine Schachtel Pralinen zu bekommen ist ein tolles Gefühl. Aber wenn es eine sortierte Schachtel ist, bei der jedes Stück sorgfältig nach Ihrer Wahl ausgewählt wurde, wird sie noch unbezahlbarer. Das Wort "individuell" macht etwas automatisch noch viel spezieller.

An den meisten Arbeitsplätzen gibt es ein automatisches System, um sich täglich zur Arbeit anzumelden. Zum Beispiel müssen die Mitarbeiter ihre Anwesenheit mit einem biometrischen Fingerabdruck oder einer Gesichtserkennung markieren. Dies geschieht, um sicherzustellen, dass die Anwesenheit problemlos markiert wird und um die Zeit zu erfassen, zu der der Mitarbeiter bei der Arbeit angekommen ist.

Ähnliche Kontrollen gibt es, um die Check-out-Zeiten zu notieren. Solche Instrumente werden zur Leistungsbeurteilung eingesetzt und sind manchmal sogar direkt mit der Berechnung des Tageslohns verbunden. Die geleisteten Arbeitsstunden werden sorgfältig überwacht und beeinflussen die Aussichten des Einzelnen.

Dies ist nur eines der Beispiele für die Art von Regeln, die auferlegt werden, um Ihre Leistung zu bewerten. Glücklicherweise hat das Universum keine strengen Regeln für das Leben aufgestellt. Wir sind frei, den Lebensstil zu wählen, den wir wollen.

Um es poetisch zu beschreiben: Es hat uns eine leere Leinwand gegeben, auf der wir jede Art von Bild malen können, die wir wollen. Wir können unsere Lieblingsfarben und -stile verwenden. Im oben erwähnten Beispiel der Schokoladenschachteln kann das Leben eine "maßgeschneiderte" Zusammenstellung sein, wenn wir wollen.

Aber manchmal, wenn die Dinge nicht allzu gut definiert sind, kann es verwirrend erscheinen, den richtigen Weg zu wählen. In diesem Fall fragen Sie sich vielleicht, wie Sie auswählen können, welche täglichen Gewohnheiten für Sie am besten sind. Hier sind einige Überlegungen, die Ihnen diese Entscheidung leichter machen würden.

Ziele

Was sind die Ziele, die Sie im Leben erreichen wollen? Wollen Sie Ruhm und Reichtum oder wollen Sie im Stillen den Bedürftigen helfen? In welchem Alter wollen Sie sich zur Ruhe setzen?

Dies sind einige der Fragen, die Sie sich bei der Entscheidung über Ihren Lebensstil stellen werden. Manche Menschen glauben daran, starke, kurzfristige Pläne zu machen und sich auf diese zu konzentrieren. Sie glauben, dass, wenn man sich um die unmittelbare Zukunft kümmert, der langfristige Erfolg automatisch folgen würde.

Eine andere Ansicht ist, dass Sie für die nächsten 10 bis 20 Jahre planen und all Ihre Energie auf diese langfristigen Ziele verwenden sollten. Dazu kann ein Haus an Ihrem Lieblingsort gehören, die Gründung eines eigenen Unternehmens, eine Weltreise usw. Dies erfordert mehr Geduld, da Sie auf temporäre Vergnügungen verzichten würden, um sich auf die langfristigen Pläne zu konzentrieren.

Was wir also sagen wollen, ist, dass Sie, um zu wissen, welche täglichen Gewohnheiten für Sie am besten sind, zuerst entscheiden müssen, was Sie mit diesen Gewohnheiten erreichen wollen. Es ist so, als ob Sie Ihr Ziel kennen, bevor Sie einen Weg wählen. Eine falsche Abzweigung würde Sie nur noch weiter von Ihrem Ziel wegbringen.

Wenn Sie nach den sorglosen Teenagerjahren ins Erwachsenenalter eintreten, braucht es einige Zeit, um Ihre Bestimmung herauszufinden. Es wird empfohlen, in dieser Phase nichts zu überstürzen. Wenn Sie immer noch versuchen, Ihr ultimatives Ziel im Leben zu entscheiden, ist nichts falsch daran, sich Zeit zu nehmen.

Aber sobald Sie sich entscheiden, was Sie vom Leben wollen und die Strategie dafür festlegen, müssen Sie eine "No-Quit"-Einstellung entwickeln. Sie müssen bei der Routine bleiben, die Sie gewählt haben, bis es Ihnen gelingt, Ihre Ziele zu erreichen. Sie sollten nicht zulassen, dass Schwierigkeiten Sie dazu bringen, Ihre Ziele niedriger anzusetzen.

Zuständigkeiten

Eine Menge Verantwortung zu haben, kann Ihre Einstellung zum Leben verändern. Es reduziert die Entscheidung für alles, was ein hohes Maß an Risiko beinhaltet. Menschen mit abhängigen Familienmitgliedern neigen weniger zu impulsiven Entscheidungen.

Wenn eine Person das Schulgeld für die Kinder, die Hausmiete, die Kosten für die medizinische Versorgung der Familie usw. bezahlen muss, möchte sie ein festes Einkommen pro Monat haben. Dies würde die Budgetplanung erleichtern und Stress reduzieren. Da der Druck der Verantwortung bereits ziemlich überwältigend ist, würde niemand die Unsicherheit durch die Entscheidung für einen unzuverlässigen Job noch verstärken wollen.

Eine solche Person würde also ein bescheidenes Einkommen mit regelmäßigen Zahlungen einem hochbezahlten Angebot mit zweifelhafter Zukunft vorziehen. Die Erfüllung der Verpflichtungen wäre die oberste Priorität. Alle zusätzlichen Vergünstigungen wären nur ein Bonus.

Auf der anderen Seite, wenn Sie nur für sich selbst verantwortlich sind, haben Sie die Freiheit zu wählen, was Sie wollen. Sie können einen Ansatz mit hohem Risiko und hoher Belohnung wählen oder sogar unregelmäßig arbeiten, wenn Ihre Bedürfnisse erfüllt sind. Sie müssten sich nicht zu viele Gedanken über einen stetigen Einkommensstrom machen.

Für mehr geistige Ruhe versuchen Sie herauszufinden, zu welcher dieser Kategorien Sie gehören. Bringen Sie dann Ihre Entscheidungsfähigkeit und Ihre täglichen Gewohnheiten mit Ihrer Situation in Einklang. Dies würde Ihnen helfen, die am besten geeigneten Gewohnheiten entsprechend Ihren Bedürfnissen zu wählen.

Art der Arbeit

Bei einigen Berufen ist es nicht möglich, einer strengen Routine zu folgen. Zum Beispiel kann ein Arzt, ein Polizist oder ein Feuerwehrmann zur Arbeit gerufen werden, wann immer ein Bedarf entsteht. In Notfällen müssen solche Fachleute auch zusätzliche Stunden arbeiten.

Abgesehen davon beeinflussen andere Faktoren Ihre Routine. Wenn Sie zum Beispiel mit internationalen Kunden arbeiten, müssen Sie Ihre Arbeitszeiten flexibel halten, um eine effektive Kommunikation zu gewährleisten. Oder, wenn Sie mit einer Sicherheitsagentur arbeiten, müssen Sie die ganze Zeit wachsam bleiben.

In solchen Fällen würden die Regeln, die für 9-bis-5-Jobs gelten, nicht für Sie gelten. Die Vorschläge für den Lebensstil, die für diese regulären Angestellten gemacht wurden, würden nicht auf diejenigen zutreffen, die zu ungeraden Zeiten arbeiten. Sie müssen also verschiedene Lebensstile sorgfältig studieren, bevor Sie sich für den richtigen entscheiden.

Persönlichkeit

Introvertierte Menschen würden einen Lebensstil bevorzugen, bei dem sie zu Hause bleiben, während extrovertierte Menschen mehr Aktivitäten im Freien suchen würden. Ebenso würden begeisterte Leser eine Bibliothek zu Hause aufgebaut haben wollen und Kinobesucher würden ein Theatererlebnis bevorzugen. Dies sind rein persönliche Entscheidungen und es gibt keine richtige oder falsche Art zu leben.

Die Eignung eines Lebensstils für Sie hängt also von all diesen Faktoren ab. Ihre Vorlieben und Abneigungen spielen eine wichtige Rolle bei der Bestimmung der richtigen Gewohnheiten für Sie. Je näher Sie an Ihrer grundlegenden Natur bleiben, desto glücklicher fühlen Sie sich in der Regel.

Wenn Sie gezwungen werden, etwas gegen Ihre Natur zu tun, fühlen Sie sich ziemlich unbehaglich. Schwimmen zu gehen, wenn Sie kein Wasser mögen, würde Sie nicht glücklich machen, egal wie viele Leute Ihnen etwas anderes erzählen. Verlassen Sie sich auf Ihr Wissen über Ihre Persönlichkeit, um zu entscheiden, was das Beste für Sie ist.

Sie sollten niemals Ihren Komfort aufgeben, um anderen Menschen zu gefallen. Wählen Sie den Lebensstil, der zu Ihrer Persönlichkeit passt. Es darf keinen Druck geben, sich an gesellschaftliche Normen zu halten, wenn es um persönliche Gewohnheiten geht.

Lebensbedingungen

Vorhin haben wir über gemütliche Lebensstile wie Hygge und Cocooning gesprochen. Aber für eine Person, die in einer sengenden Wüste lebt, wäre Gemütlichkeit keine relative Überlegung. Allein die Erwähnung von etwas Warmem würde großes Unbehagen auslösen.

In ähnlicher Weise beeinflussen die Größe oder Struktur Ihrer Wohnung/Ihres Hauses, die Wetterbedingungen, die Dauer der Sonneneinstrahlung usw. Ihre Wahl des Lebensstils. Ihre täglichen Gewohnheiten hängen auch von Ihrer Gegend und den Menschen ab, mit denen Sie zusammenleben. Manchmal gibt es Normen, denen die Menschen religiös folgen und die sie um keinen Preis aufgeben würden.

Satz von Überzeugungen

Dies bringt uns zu einer weiteren wichtigen Überlegung, nämlich zu den Überzeugungen einer Person. Es ist wichtig zu erwähnen, dass manchmal eine bestimmte Idee gegen Ihre Religion, Ihren Glauben oder Ihre Lebensphilosophie sein kann. Aus diesem Grund haben wir immer wieder betont, dass Sie bei der Wahl Ihrer täglichen Gewohnheiten flexibel sein können.

Zum Beispiel sind einige Glaubensrichtungen bereits strikt gegen das Essen von Fleisch. Den Anhängern eines solchen Glaubens zu sagen, dass der Verzicht auf Fleisch sie glücklicher machen würde, wäre ziemlich sinnlos. Sie könnten selbst etwas über die Vorteile des Verzichts auf Fleisch lehren.

Allgemeine Richtlinien gelten nicht für bestimmte Situationen. Glück erfordert nicht, dass Sie Ihre Prinzipien aufgeben. Das wäre ein ziemlich unsensibler Vorschlag, den Sie machen sollten.

Stattdessen müssen Sie Ihre eigene bequeme und glückliche Art zu leben finden. Genauso wie Sie Ihren Rhythmus zu der Musik finden, die in einem bestimmten Club spielt. Kurz gesagt, es gibt keine "Einheitsgröße" für die Lebensweise, so dass Sie die Ideen immer nach Ihren Bedürfnissen formen können.

Stärke der Willenskraft

Eine Person, die mit etwas beauftragt wird, das außerhalb ihrer Komfortzone liegt, aber über eine starke Willenskraft verfügt, wird es trotzdem schaffen, es zu tun. Er/sie wird irgendwie die Motivation finden, das Zögern zu überwinden. Starke Willenskraft macht das Angehen von Risiken und Herausforderungen ein wenig einfacher.

Auf der anderen Seite wird eine Person, der es an Willen oder Absicht mangelt, immer eine Ausrede finden, um aufzugeben. Die Aufgabe würde zu überwältigend und entmutigend erscheinen, wenn die Willenskraft schwach ist. Das kommt fast dem Aufgeben gleich, noch bevor der Kampf begonnen hat.

Kurz gesagt, eine starke Willenskraft kann Sie Berge versetzen, während eine schwache Willenskraft ein leichtes Fieber wie eine lebensbedrohliche Krankheit erscheinen lassen wird. Bevor Sie sich also bestimmte Gewohnheiten vornehmen, müssen Sie sich fragen, ob

Sie mental bereit sind, sich daran zu halten. Oder, ob Sie bereit sind, an Ihrer Willenskraft zu arbeiten.

Dies ist nicht einmal eine Eigenschaft, die nicht verbessert oder verändert werden kann. Sie können Ihre Willenskraft immer stärken, indem Sie sich entsprechend trainieren. Was Sie brauchen, ist die Präsenz eines starken Wunsches, Ihre Ziele zu erreichen.

Lernen hört nie auf

Sobald wir das Erwachsenenalter erreichen, werden wir ein wenig zurückhaltend, wenn es darum geht, neue Dinge zu lernen. Wir beginnen zu denken, dass wir bereits genug wissen, um unser restliches Leben bequem zu leben. Meistens werden wir auch ziemlich starr in unseren Ansichten.

Aber Tatsache ist, dass, egal wie alt oder erfahren wir sind, es immer Raum für mehr Wissen und Verbesserungen gibt. Der Evolutionsprozess hört nie auf, bis wir tot sind. Wir müssen also nicht so abgeneigt gegenüber neueren Konzepten sein.

Anstatt den Wandel zu fürchten, müssen wir ihn mit ganzem Herzen annehmen. Sie haben vielleicht schon oft gehört, dass "Veränderung die einzige Konstante" ist. Warum sollten wir uns also nicht an etwas gewöhnen, dem wir in unserem Leben immer wieder begegnen werden?

Vor ein paar Jahrzehnten hätte niemand die Verwendung von Touchscreen-Gadgets gekannt. Heute kann sogar ein kleines Kind diese recht effizient nutzen. Und sind wir nicht alle dankbar für die Leichtigkeit, die dies in unser Leben gebracht hat?

In einem früheren Kapitel haben wir besprochen, wie sich die menschlichen Wege entwickelt haben. Wir erwähnten das Leben in Höhlen und verglichen es mit dem komfortablen Leben heute. Hätten diese Höhlenmenschen den Wandel eingeschränkt, wären wir nicht da, wo wir heute sind.

In jeder Ära gibt es sowohl Neinsager als auch mutige Menschen, die bereit sind, neuere, bessere Alternativen auszuprobieren. Diese mutigen Menschen verändern von Zeit zu Zeit die Geschicke der Menschheit. Nun liegt es an uns, zu entscheiden, welcher Gruppe wir uns anschließen wollen.

Auch heute noch, wenn Sie sich umschauen, finden Sie Beispiele für beide Arten. Als zum Beispiel COVID-19 zuschlug, war die Welt in ihren Meinungen gespalten. Es kursierten alle möglichen Verschwörungstheorien in verschiedenen Teilen der Arbeit.

Jetzt, wo verschiedene Pharmafirmen einen Impfstoff entwickelt haben, sind die Verschwörungstheoretiker wieder recht aktiv. Einige Leute wollen ihm eine Chance geben und ermutigen auch andere dazu. Gleichzeitig sind einige Leute stark gegen die Idee und wollen, dass auch andere davon Abstand nehmen.

Wenn man sieht, wie sehr die Welt in letzter Zeit gelitten hat, erscheint die letztere Gruppe ein wenig irrational. Wenn man sich gegen Veränderungen stellt, stellt man sich in gewisser Weise auch gegen die

Hoffnung. Man blockiert den Weg, um im Leben weiterzukommen.

Deshalb wissen Sie nie, welche einzelne Veränderung Ihr ganzes Leben verändern wird. Ängstlich zu sein, bevor man etwas Neues ausprobiert, ist ganz natürlich. Aber das sollte kein Grund sein, auf Wachstumschancen zu verzichten.

Der Grund, warum wir die Notwendigkeit betonen, uns weiterzuentwickeln, ist, dass dieser Widerwille gegen Veränderungen oft die Ursache für unser Unglücklichsein ist. Obwohl wir unzufrieden sind, haben wir einfach zu viel Angst, anders zu leben. Um zu ändern, wie wir uns fühlen, müssen wir lernen, unsere Hemmungen loszulassen.

Bis dahin ist alles ziemlich nutzlos, selbst wenn Ihnen jemand von einer Million verschiedener Lebensstile erzählt oder Ihnen Hunderte von inspirierenden Ideen gibt. Die Motivation, das zu ändern, was Sie unglücklich macht, muss aus Ihnen selbst kommen. Niemand wird von Ihren Gefühlen so betroffen sein wie Sie selbst, deshalb ist es besser, die Dinge selbst in die Hand zu nehmen.

KAPITEL 4
EINIGE GEWOHNHEITEN ZUR STEIGERUNG DES GLÜCKS

In den vorangegangenen Kapiteln haben wir versucht, verschiedene Lifestyle-Trends aus aller Welt zu beleuchten. Aber das ist nur die eine Hälfte des Ziels hinter diesem Text. Die andere, ebenso wichtige Hälfte ist es, Ideen für mehr Glück im Leben zu präsentieren.

Sie erlangen niemals unendliches Glück durch eine einzige Handlung. Wenn der Abschluss eines Studiums Sie zum Beispiel unendlich glücklich macht, können Sie nicht ewig in diesem Gefühl verweilen. Ab einem gewissen Punkt würde der Abschluss wie ein nutzloses Stück Papier erscheinen, wenn er Ihrem Leben keinen Wert hinzufügt.

Überlegen Sie nun, ob Sie aufgrund dieses Abschlusses bei einem renommierten Unternehmen angestellt werden. Sie würden die Vorteile dieses Abschlusses regelmäßig ernten. So würde die ganze harte Arbeit dahinter sinnvoller und lohnender erscheinen.

Erfolge neigen dazu, ihren Charme zu verlieren, wenn sie nicht von anderen gewürdigt werden. Und Menschen würden Ihren Erfolg nicht würdigen, wenn sie nicht sehen, dass er Ihr Leben positiv verändert hat. Manchmal, selbst wenn sie sehen, dass Sie ein erfolgreiches Leben führen, zollen sie Ihnen aufgrund von

Lastern wie Eifersucht und Hass nicht die gebührende Anerkennung.

Wir alle kennen das berühmte Zitat von Jim Carrey über das Leben, in dem er sagte:

"Ich denke, jeder sollte reich und berühmt werden und alles tun, wovon er jemals geträumt hat, damit er sieht, dass das nicht die Lösung ist."

Ruhm, Reichtum und all solche nicht-spirituellen Vergnügungen haben ein Verfallsdatum. Ihre Verfolgung ist eine anstrengende Erfahrung für die Seele. Sobald man sein Ziel erreicht hat, fühlt man sich ratlos über den weiteren Weg.

Auf der anderen Seite, Glück als Hauptziel zu haben, hält Sie geerdet. Sie laufen nicht materiellen Gewinnen hinterher, sondern versuchen Dinge, die Sie leidenschaftlich lieben. So ist die Zufriedenheit, die Sie gewinnen, dauerhafter.

Lassen Sie uns versuchen, diese beiden Lebensstile anhand eines Beispiels zu vergleichen. Bei der ersten Variante ernten Sie eine Rekordernte und fühlen sich wie der König der Welt. Sie verkaufen sie auf dem Markt und verdienen ein Vermögen.

Nun, über Nacht reich zu werden, ist eine verlockende Vorstellung. Sie kaufen sich alles, wovon Sie schon immer geträumt haben und fühlen sich wie der glücklichste Mensch auf Erden. Aber allmählich erschöpft sich Ihr Verdienst und Sie machen sich Sorgen, ob Sie den gleichen Lebensstil in Zukunft beibehalten können.

Das wäre nicht passiert, wenn Sie sich nicht an ein luxuriöses Leben gewöhnt hätten. Außerdem haben Sie zwar den Erfolg Ihrer letzten Errungenschaft genossen, aber nichts dafür getan, dass er anhält.

In der Zwischenzeit ist der zweite Lebensstil so, als würde man einen Baum säen und ihn dann zu einem großen, fruchtbaren Baum heranziehen. Sie gießen ihn, schützen die junge Pflanze vor extremen Wetterbedingungen und Vögeln und kümmern sich jeden Tag um sie. Während dieser ganzen Zeit ist Ihre einzige Sorge, dass die Pflanze gut wächst und ein gesunder Baum wird.

Auch wenn Sie kein egoistisches Motiv haben, schenkt Ihnen das Gedeihen der Pflanze immenses Glück. Jedes neue Blatt, das wächst, jeder neue Zweig, den der Baum ausstreckt, erfüllt Sie mit purer Freude. Sie spüren, dass sich Ihre harte Arbeit endlich auszahlt.

Dann fängt der Baum an, sich zu revanchieren. Er spendet Schatten, ist optisch ansprechend und trägt auch Früchte. Dieser Gewinn mag viel kleiner erscheinen als im vorherigen Beispiel, aber er fühlt sich viel lohnender an.

Außerdem wird Ihnen der Baum nicht nur für eine oder zwei Saisons nützen. Der Ertrag mag zwar gering sein, aber er ist zuverlässiger und nachhaltiger. Daher garantiert er größere Zufriedenheit und weniger Stress.

Die Moral von der Geschichte ist, dass wir unsere Erwartungen herunterschrauben müssen, um uns zufriedener zu fühlen. Gleichzeitig müssen wir ständig an uns arbeiten, wenn wir auf Dauer glücklich sein wollen. Wir müssen jeden Tag aufwachen und uns überlegen, wie wir unsere Zeit besser nutzen können.

Daraus können wir schließen, dass Glück systematisch erreicht werden kann, indem man die richtigen täglichen Gewohnheiten annimmt. Einige Eigenschaften sind besonders mit einem glücklicheren Leben verbunden. Lassen Sie uns einen Blick auf einige dieser Gewohnheiten werfen.

Übung

Wir alle kennen die Bedeutung von Bewegung für die körperliche Fitness. Aber nicht so viele Menschen wissen, wie wichtig es ist, aktiv zu bleiben, um eine bessere geistige Gesundheit zu erhalten. Aktiv zu bleiben wird als effektiver Weg vorgeschlagen, um sich geistig und emotional besser zu fühlen.

Übung muss nicht eine strenge Routine im Fitnessstudio sein. Sie können einen schönen Spaziergang machen, wann immer Sie etwas freie Zeit am Tag finden. Es ist jedoch empfehlenswert, eine feste Zeit für Ihren täglichen Spaziergang festzulegen, da dies hilft, eine Gewohnheit zu entwickeln.

Wenn Sie die Zeit für einen Spaziergang nicht aufbringen können, können Sie während der Arbeit einige leichte Übungen für kurze Intervalle durchführen. Stretching, Yoga-Posen und Seilspringen sind Beispiele für einige Übungen, die nicht viel Ausrüstung erfordern. Wenn Sie zu Hause sind, können Sie auch lustige Aktivitäten wie Aerobic oder Tanzen ausprobieren.

Laut einem in der New York Times veröffentlichten Artikel gibt es einen positiven Zusammenhang zwischen körperlicher Aktivität und Glücklichsein. Unter Berufung auf Untersuchungen von Forschern der Universität von Michigan heißt es in dem Bericht, dass Bewegung das Risiko einer Person, Depressionen oder Angstzustände zu entwickeln, senken kann. Die Art der Übung, die benötigt wird, um das Glücksniveau zu verbessern, ist nicht spezifiziert und kann von Ihren persönlichen Vorlieben abhängen.

In einem früheren Kapitel haben wir erwähnt, dass die Menschen der Antike trotz eines extrem harten Lebensstils eine bessere emotionale Gesundheit hatten. Nach der Lektüre dieser Untersuchung fragt man sich, ob die anstrengenden körperlichen Aktivitäten zu einem größeren Glücksniveau in jenen Zeiten beigetragen haben.

Die Menschen schliefen recht friedlich und hatten weniger gesundheitliche Probleme. Dies kann auf die körperlich anstrengenden Aufgaben zurückgeführt werden, die sie den ganzen Tag über ausführten. Es gab kein Konzept von Antidepressiva oder Schlaftabletten und die Menschen schafften es trotzdem, ruhig zu bleiben.

Auch heute, nach einem anstrengenden Tag, schlafen Sie fast sofort ein, wenn Ihr Kopf das Kissen berührt. Egal wie schmerzhaft Ihre Muskeln sind, die Müdigkeit lässt Sie nicht mit weit aufgerissenen Augen im Bett liegen und über jede stressige Sache auf der Welt nachdenken. Sie fühlen sich also nicht nur fitter und entspannter, sondern schlafen auch besser, was ein weiterer effektiver Weg ist, Ihre Stimmung zu verbessern.

Verbringen Sie Zeit mit der Natur

Je größer ein Baum wird, desto tiefer und stärker werden seine Wurzeln. Sein "Wachstum" macht ihn nicht weniger verbunden mit dem Boden, der ihn genährt hat. Die Wurzeln dehnen sich weiter aus und spielen eine wichtige Rolle dabei, den Baum an seinem Platz zu halten.

Für den Menschen können diese "Wurzeln" verschiedene Dinge bedeuten. Zum Beispiel die Familie, in der man geboren und aufgewachsen ist. Die Stadt, in der eine Person aufwuchs. Die ethnische Zugehörigkeit, der Glaubenssatz, die Identität, etc.

Aber das sind individuelle Faktoren, die für jeden anders sein würden. Wir sind auf der Suche nach ähnlichen Wurzeln, die Ihnen das Gefühl geben, Teil einer größeren Gemeinschaft zu sein. So wie verschiedene Bäume, die im gleichen Boden wachsen.

Wenn Sie jemandem, der es nicht gewohnt ist, Zeit unter freiem Himmel zu verbringen, eine Sternenbeobachtung vorschlagen, scheint die Idee ziemlich gewöhnlich. Aber wenn Sie schon einmal Zeuge einer Sternschnuppe bei der Beobachtung des Nachthimmels geworden sind, wissen Sie, welche erstaunlichen

Möglichkeiten auf Naturliebhaber warten. Es gibt immer so viele Überraschungen, die es zu enthüllen gilt.

Ein anderes Beispiel ist das Gefühl der Faszination, wenn Sie ein Glühwürmchen sehen. Kein künstliches Licht kann Ihnen die gleiche Erfahrung vermitteln. Selbst die neuesten Innovationen in der Technologie können Sie nicht auf dieselbe Weise beeinflussen.

Der Grund dafür ist, dass die Wunder der Natur eine emotionale Reaktion hervorrufen. Diese kleinen Wunder können weder von Menschen noch von Maschinen nachgebildet werden. Das Glück, Zeuge der Magie des Universums zu werden, bleibt für immer bei Ihnen.

Auf der anderen Seite verblassen die Emotionen, die mit wissenschaftlichen Erfindungen und Entdeckungen verbunden sind, wenn wir uns an sie gewöhnen. Sie machen uns sicherlich glücklicher, aber nur, weil sie unser Leben besser und einfacher machen. Nicht aus den ehrfurchtgebietenden Gründen, die mit natürlichen Elementen verbunden sind.

Viel lächeln

Wenn heutzutage jemand zu viel lächelt, wird er/sie als wahnhaft bezeichnet. In Büros, an Bushaltestellen oder allgemein an allen öffentlichen Orten sehen wir meist stirnrunzelnde oder übermäßig ernste Gesichter. Einem lächelnden Gesicht zu begegnen, ist eine Seltenheit und statt es als angenehm überraschend zu empfinden, finden wir es meist ziemlich seltsam.

Ein Lächeln ist nicht nur ein Ausdruck von Glück. Es hat eine beruhigende Wirkung auf den Geist und den Körper eines Menschen. Ein immer lächelndes Gesicht deutet nicht auf die Abwesenheit von Problemen in Ihrem Leben hin, sondern es zeigt, wie stark und gut vorbereitet Sie sind, mit diesen Problemen umzugehen.

Wenn Sie in einer angespannten Situation von jemandem angelächelt werden, fühlen Sie sich plötzlich viel besser. Die Geste wirkt beruhigender, als es jedes gesprochene Wort je könnte. Sie beruhigt nicht nur andere, sondern auch die eigenen Nerven.

Obwohl dies keine narrensichere Lösung für Ihre Probleme ist, hilft es Ihnen, einen kühlen Kopf zu bewahren. Laut einer Studie, die im Psychological Bulletin veröffentlicht wurde, hat Ihre Mimik einen kleinen Einfluss auf Ihre Gefühle (Preidt, 2019). Wenn Sie sich also auch nur etwas besser fühlen können, indem Sie auf Ihre Mimik achten, ist die Idee einen Versuch wert.

Produktiv bleiben

Verstehen Sie uns nicht falsch, dies ist keine strenge Anweisung, aufzustehen und sofort mit der Arbeit zu beginnen. Dies ist eine Ermutigung, nicht aufzugeben und weiterzumachen, egal wie wenig Sie erreichen können.

Was wir sagen, ist etwas in Anlehnung an die Worte von Martin Luther King Jr. über die Fortsetzung des Vorwärtsgehens. Für diejenigen, die das Zitat nicht kennen, hier ist, was der große Mann gesagt hatte:

"Wenn Sie nicht fliegen können, dann rennen Sie, wenn Sie nicht rennen können, dann gehen Sie, wenn Sie nicht gehen können, dann krabbeln Sie, aber was auch immer Sie tun, Sie müssen sich immer vorwärts bewegen."

~ *Martin Luther King Jr.*

Die Produktivität ist nicht an allen Tagen gleich. Sie variiert je nach Ihrer Stimmung, wie Sie sich gesundheitlich fühlen, dem Verhalten anderer Menschen Ihnen gegenüber, den an einem bestimmten Tag verfügbaren Ressourcen, usw. Wir sagen also nicht, dass Sie unabhängig von all diesen Faktoren eine bestimmte Menge an Arbeit erledigen sollten.

Das ist der Fehler, den die meisten von uns in letzter Zeit machen. Wir setzen uns Produktivitätsziele und das Erreichen dieser Ziele wird zu einer Frage von Leben und Tod. Wir beginnen, unseren Selbstwert von der Fähigkeit abzuleiten, diese Ziele zu erreichen.

Unsere Ziele sollten nicht nur erreichbar sein, sondern es sollte auch Überlegungen für die Tage geben, an denen wir uns nicht wie wir selbst fühlen. Und an diesen schwierigen Tagen müssen wir ein wenig freundlicher zu uns selbst sein. Jede kleine Aufgabe, die wir bewältigen können, sollten wir wertschätzen.

Die Welt verändert sich. Um unser Leben an die aktuelle Situation anzupassen, müssen wir auch der sich verschlechternden psychischen Gesundheit der Gesamtbevölkerung Raum geben. Mangelnde Produktivität aufgrund von Stress sollte niemals ein Grund sein, die Mitarbeiter zu beschämen.

Das liegt auch daran, dass Menschen, die das Gefühl haben, nicht so produktiv wie sonst zu sein, dadurch entmutigt werden, überhaupt etwas zu tun. Sie fühlen sich unzureichend und die Moral sinkt deutlich. Folglich gibt es noch mehr Stress und Angst.

Da sich in letzter Zeit auch immer mehr Menschen selbstständig machen, können sie diese Gewohnheit in Schach halten. Es ist jetzt einfacher, den Zeitplan flexibel zu halten und nach den eigenen Bedingungen zu arbeiten. Daher sollte auch der Stress, nicht jeden Tag gleich produktiv zu sein, abnehmen.

Gesundes Essen essen

Es mag für manche Menschen überraschend klingen, dass einige Lebensmittel eher Stress, Angstzustände und Depressionen verstärken können. Die Art der Nahrung, die Sie zu sich nehmen, hat einen direkten Einfluss auf Ihre allgemeine Gesundheit. Es wirkt sich auch auf Ihren Geist, Körper und Ihre Emotionen aus.

Einige Lebensmittel werden auch mit der Verlängerung oder Verkürzung der menschlichen Lebensspanne in Verbindung gebracht. Zum Beispiel reduzieren rotes Fleisch und Tabak Ihre potenzielle Lebenserwartung, während bestimmte Früchte, Gemüse und Kräuter helfen, das Leben um einige Jahre zu verlängern. Das Interessante ist, dass die Lebensmittel, die mit einer Verkürzung der Lebensspanne in Verbindung gebracht werden, auch Ihre geistige Gesundheit beeinträchtigen.

Gleichzeitig sind die Lebensmittel, die Ihnen helfen, länger zu leben, auch dafür bekannt, dass sie Ihnen helfen, glücklicher zu sein. Dies ist vielleicht kein Zufall. Abgesehen von wissenschaftlichen Gründen wie einem schnellen Stoffwechsel und anderen gesundheitlichen Vorteilen, kann es eine weitere logische Erklärung dafür geben.

Was wir damit sagen wollen, ist, dass es eine bekannte Tatsache ist, dass eine Person, die traurig oder deprimiert bleibt, anfälliger für Krankheiten ist. Ihre Willenskraft ist reduziert und Sie haben weniger Kraft, sich zu wehren. Wenn in dieser Situation Ihr Immunsystem bereits durch den Verzehr ungesunder Lebensmittel geschwächt ist, kann dies zu schwerwiegenden Folgen führen.

Dann gibt es einige stimmungsaufhellende Lebensmittel, mit denen Sie sich sofort besser fühlen. Diese können von Person zu Person variieren, basierend auf persönlichen Entscheidungen. Einige allgemein akzeptierte Beispiele für solche Lebensmittel sind jedoch Schokolade, Nüsse und Kaffee.

Natürlich sind diese nicht wie ein Zaubertrank, der all Ihre Sorgen auf einmal beseitigen würde. Aber daher kommt die Idee des "Trostessens". Wenn Sie traurig oder aufgebracht sind, kann das Essen Ihrer Lieblingsspeise Sie in eine bessere Stimmung versetzen.

Wenn Sie eine strenge Diät befolgen, um Ihr Zielgewicht zu erreichen, verzichten Sie oft auf viele Ihrer Lieblingslebensmittel. Auf diese Weise erreichen Sie vielleicht schneller das gewünschte Gewicht, aber die

Reise würde langweilig und ermüdend erscheinen. Ein allzu rigider Ansatz würde eine gesunde Gewohnheit wie eine Bestrafung erscheinen lassen.

Die Idee ist, ein wenig flexibler zu sein und auch Ihre emotionale Gesundheit zu berücksichtigen, während Sie Ihre Ernährung planen. Es schadet nicht, sich ab und zu eine "Schummelspeise" zu gönnen. Solange Sie nichts essen, was Ihrer Gesundheit ernsthaft schadet, ist es völlig in Ordnung, eine üppige Mahlzeit mit dem einzigen Ziel zu genießen, sich glücklich zu fühlen.

Sozialisieren

Die Diskussion über das soziale Leben in der modernen Zeit kann ein wenig verwirrend sein. Wir sind durch die neueste Technologie viel mehr miteinander verbunden, aber emotional viel mehr voneinander getrennt. Das Aufkommen der sozialen Medien scheint ebenso viel Schaden angerichtet zu haben, wie es Gutes bewirkt hat.

Die meisten Freundschaften, die wir im Laufe des Lebens aufrechterhalten können, sind die, die früh im Leben entwickelt wurden. Aus irgendeinem Grund verlieren wir unsere Fähigkeit, starke soziale Verbindungen aufzubauen, wenn wir älter werden. Die Freundschaften, die im Erwachsenenalter entstehen, sind meist künstlich oder zufällig.

Wenn man über Jahre hinweg mit jemandem befreundet ist, geht man auch durch viele Konflikte. Natürlich wächst die Liebe mit der Zeit weiter, aber jede

Konfrontation hinterlässt auch einen sauren Geschmack. Im Laufe der Jahre muss man auch mit vielen Differenzen, die zwischen Freunden entstehen, Frieden schließen.

Das macht zwar alte Freundschaften haltbarer, aber auch neue Freundschaften haben einen ganz besonderen Reiz. Es fühlt sich wie ein Neuanfang im Leben an, wenn zwei Individuen ihre Ansichten über die Themen von gemeinsamem Interesse austauschen. Man begibt sich auf eine neue Reise, auf der man viele bisher unentdeckte Wege erkunden muss.

Wenn Sie neue Freunde finden, lernen Sie neue Perspektiven kennen. Wenn neue Freunde einem anderen Gebiet, einer anderen Religion, einer anderen Rasse usw. angehören, erweitert das Ihr Wissen und Ihr Denken noch mehr. Anstatt dies als Chance zu nutzen, um sich glücklicher zu fühlen, haben wir uns leider darauf beschränkt, uns nur mit Menschen anzufreunden, die die Gesellschaft gutheißt.

Wenn wir uns selbst davon abhalten, auf mehr Menschen zuzugehen, aus welchem Grund auch immer, wirkt sich das negativ auf unsere emotionale Gesundheit aus. Hören Sie also nicht auf jemanden, der Sie davon abhält, mit einer bestimmten Gruppe von Menschen zu interagieren. Denken Sie einfach daran, dass jede neue Person, die Sie treffen, es verdient, die beste Version von Ihnen zu sehen und sich liebevoll an Sie zu erinnern.

Ausreichend Schlaf

Sich große Ziele zu setzen, die Ihnen schlaflose Nächte bereiten, ist eine tolle Sache. Höhere Ziele geben Ihnen natürlich einen Grund, sich selbst anzustacheln, härter zu arbeiten. Aber damit einhergehend müssen Sie auch sicherstellen, dass Ihr Geist und Körper die zusätzliche Arbeitsbelastung aushalten können.

Wenn Sie nicht genug Schlaf bekommen, fühlen Sie sich die meiste Zeit übermüdet. Sie werden nicht die Motivation haben, etwas zu tun. Auf lange Sicht hat zu wenig Schlaf schwerwiegende schädliche Auswirkungen auf Ihre körperliche und geistige Gesundheit.

Denken Sie daran, dass es keine Herausforderung ist, so viel zu schlafen, wie Sie können, um sich glücklicher zu fühlen. Zu viel Schlaf führt auch zu unerklärlicher Müdigkeit und gesundheitlichen Problemen. Die Betonung liegt darauf, jeden Tag moderaten Schlaf zu bekommen, nicht zu wenig oder zu viel.

Die meisten Experten schätzen dies auf 7 bis 9 Stunden pro Tag. Es wird berichtet, dass zu wenig Schlaf die emotionalen Zentren des Gehirns "Amok laufen" lässt. Es gibt Hinweise darauf, dass Schlafmangel bei Menschen negative Gedanken auslöst.

Ein weiterer wichtiger Faktor, der mit Glück verbunden ist, ist die Qualität des Schlafes, den Sie bekommen. Neben der Dauer wirkt sich auch das Timing Ihres Schlafs auf Ihre Stimmung aus. Es ist besser, nachts früher zu schlafen, als tagsüber die gleiche Menge an Schlaf zu bekommen.

Vielleicht haben Sie das Gefühl, dass es besser ist, in der Stille der Nacht zu arbeiten. Ob Sie nun studieren oder arbeiten, die Ruhe in den späten Stunden macht Ihre Arbeit tatsächlich ein wenig leichter. Aber auf lange Sicht ist dies eine extrem ungesunde Angewohnheit.

Dass unser Geist und unser Körper unter der "Nachteulen"-Routine leiden, macht nur Sinn, wenn wir sorgfältig über die Sache nachdenken. Die Welt ist nach einem bestimmten System aufgebaut, das sorgfältig geschaffen wurde, um das Leben zu erleichtern. Dementsprechend kann es uns kaum gut tun, dagegen zu verstoßen.

Wir können zwar Dinge wie die Art des Jobs oder die Meinung des Arbeitgebers nicht ändern (falls Sie länger arbeiten müssen), aber wir können zumindest damit beginnen, sicherzustellen, dass wir unseren Schlaf nicht für Studium, Arbeit, Unterhaltung oder irgendetwas anderes aufs Spiel setzen. Bringen Sie die gute alte "Schlafenszeit"-Routine zurück und stellen Sie sicher, dass Sie sie strikt einhalten. Eine Weile jeden Tag zur gleichen Zeit zu schlafen, würde die Gewohnheit automatisch stärker machen.

Weniger jammern, mehr danken

Dankbar zu sein ist eine der besten Eigenschaften, die ein Mensch haben kann. Sie können sich entscheiden, dankbar dafür zu sein, dass Sie leben, oder Sie können darüber schmollen, dass Sie nicht das Leben haben, das Sie wollen. Die Wahl liegt ganz bei Ihnen.

Versuchen Sie einen Tag lang zu notieren, wie oft Sie sich über das eine oder andere beschweren. Zum Beispiel über den Geschmack Ihres Essens, darüber, dass Sie mit der Arbeit überfordert sind, darüber, dass Sie keine Zeit haben, einen neuen Film zu sehen, usw. Unbewusst neigen wir dazu, uns viel zu beschweren und das macht uns mürrisch und frustriert.

Wenn Sie stattdessen für die guten Dinge dankbar sind, fühlen Sie sich viel glücklicher. Sicherlich besteht Ihr Tag nicht nur aus schrecklichen Ereignissen. Es gibt eine Menge Dinge, die Ihre Stimmung heben können.

Das könnte Ihr Lieblingssong sein, der im Radio läuft, Ihr Chef, der Ihre Arbeit schätzt, ein Telefonanruf von einem Freund, usw. Wenn Sie versuchen, sich an diese positiven Gefühle zu erinnern und immer Ihre Segnungen zu zählen, wäre die Veränderung Ihrer Stimmung unglaublich. Es würde sich fast so anfühlen, als wäre Ihnen eine schwere Last von der Brust genommen worden.

Denken Sie daran: Vieles hängt von Ihrer Perspektive ab. Zumindest kleinere Dinge wie das Wetter oder die Worte eines Fremden sollten Sie nicht verärgern können. Das Leben stellt uns von Zeit zu Zeit vor echte Herausforderungen und wir sollten unsere Energie für diese aufsparen, anstatt routinemäßig zu jammern.

Freundlich sein

Freundlichkeit kostet nichts. Konflikte so weit wie möglich zu vermeiden, ein paar nette Worte zu einer Person zu sagen, um ihre Moral zu heben, einer verzweifelten Person ein offenes Ohr zu schenken, sind alles Beispiele für tägliche Taten, die absolut nichts kosten. Sie müssen nur immer wieder nach Möglichkeiten suchen, diese Welt durch Ihr Handeln zu einem besseren Ort zu machen.

Ihre Absichten sind es, die Ihre inneren Gefühle bestimmen. Eine gute Tat, die mit einer schlechten Absicht ausgeführt wurde, wird Sie in der Zukunft verfolgen. Handlungen, die selbstlos ausgeführt werden, führen zu einem länger anhaltenden Gefühl des inneren Friedens.

Moralische Korruption ist einer der größten Gründe für Unzufriedenheit. Menschen, die der Welt viel vorhalten, sind mit ihrem Verhalten unzufrieden. Wenn Ihr Gewissen rein ist, werden Sie keinen Grund haben, sich rachsüchtig zu fühlen.

Ein Artikel, der auf dem Blog Mindset Matters geteilt wurde, diskutiert die Wirksamkeit von freundlichem Verhalten, um sich glücklich zu fühlen (King, 2019). Der Meinungsartikel mit dem Titel "Why Being Kind Is the Key to Being Happy" (Warum Freundlichsein der Schlüssel zum Glücklichsein ist) gibt Ihnen auch einige Tipps. Dazu gehört, weniger zu urteilen und aufmerksame Dinge für andere zu tun, ohne eine Gegenleistung zu erwarten.

Wenn Sie einen Akt der Freundlichkeit vollbringen, nur um es der Welt zu zeigen, bekommen Sie nicht mehr als eine Runde Applaus und ein paar halbherzige Komplimente. Oder wenn die Leute Ihre Geste zu schätzen wissen, werden sie vielleicht auch ein paar

Segenswünsche aussprechen. Aber abgesehen davon gibt es keine langanhaltende Freude an dieser Aktivität.

Oder wenn Sie aus gutem Willen freundlich handeln, werden Sie eine unerklärliche Freude empfinden. Kleine Taten der Freundlichkeit konsequent zu tun, würde auch helfen, Ihre Beziehungen und Ihr soziales Ansehen zu verbessern. Innere Zufriedenheit führt auch zu besserer Leistung in allen Bereichen des Lebens.

Fokus auf psychische Gesundheit

Lehnen wir uns für eine Minute zurück und analysieren wir, wie viel Zeit wir jeden Tag für die Verbesserung unserer geistigen Gesundheit aufwenden. Wenn wir während der Arbeit ein paar Minuten zum Entspannen finden, neigen wir dazu, soziale Medien zu checken, anstatt tiefes Atmen oder Meditation zu üben. Die schlechte Nachricht ist, dass dies zu Stress und Angstzuständen führt.

Die Art der Inhalte, die heutzutage in den sozialen Medien kursieren, ist alles andere als entspannend. Es gibt deprimierende Nachrichten, Menschen, die über ihre Probleme jammern, Trolle, die sich über die Benutzer lustig machen, usw. Alle Arten von stressigen Inhalten.

In diesem Moment erkennen wir vielleicht nicht die Giftigkeit dessen, was wir lesen/sehen. Es mag wie eine lustige Aktivität erscheinen und wir können sogar über einige der Beiträge lachen. Aber insgesamt ist der Trend ungünstig für Ihre geistige Gesundheit.

Es geht nicht nur um soziale Medien, sondern um mehrere ähnlich ungesunde Gewohnheiten, die wir uns auf einmal angeeignet haben. Zum Beispiel ist die Musik, die wir hören, meist schnell, damit wir aktiv bleiben und länger arbeiten können. Das macht uns zwar kurzzeitig frischer, macht es aber auch schwieriger, die Nerven später zu beruhigen.

Früher war die Musik, die durch Instrumente gespielt wurde, gefühlvoll und beruhigend. Sie löste Gefühle von Frieden und Harmonie aus. Sogar die Texte in den Liedern waren nachdenklich.

Selbst die schnelleren Lieder waren melodiöser. Jetzt ist der Geräuschquotient viel höher als die Melodie. Kurzum, die beliebtesten Genres der modernen Musik machen es ziemlich schwer, sich zu entspannen.

Wir haben nur ein paar Beispiele besprochen, die zeigen, dass die psychische Gesundheit bei der Wahl unserer Gewohnheiten nie eine Priorität ist. Wir könnten noch so viele weitere aufzählen. Aber der Punkt ist ziemlich klar: Wir müssen unsere Gewohnheiten ändern, um übermäßigen Stress aus unserem Leben zu verbannen.

Führen Sie ein tägliches Journal

Heutzutage ist jeder ziemlich beschäftigt mit seinem eigenen Leben. Es ist schwer, ein offenes Ohr zu finden, wenn man einfach sein Herz ausschütten möchte. Das führt dazu, dass sich Emotionen in uns aufstauen und wir uns schwer fühlen.

Natürlich haben wir Familie und Freunde. Aber im Erwachsenenalter muss man auch lernen, eigenständig mit den Themen umzugehen. Manche Dinge sind selbst mit unserem engsten Kreis nur schwer zu teilen.

Manchmal, wenn wir ein Gefühl mit jemandem teilen, bekommen wir nicht die Reaktion, die wir erwartet haben. Es kann zu Unstimmigkeiten, Streit und Enttäuschungen kommen. In solchen Situationen fühlt es sich wie ein großer Fehler an, sich jemandem zu öffnen.

Um zu vermeiden, dass Sie sich noch schlechter fühlen als vorher und auch um persönliche Beziehungen nicht zu belasten, ist es eine gute Idee, Ihre Gefühle aufzuschreiben. Auf diese Weise würden Sie sich leichter fühlen, wenn Sie alles herauslassen, und müssten sich auch niemandem gegenüber erklären. Das Tagebuch wäre wie Ihr persönlicher Ventilationsraum.

Viele bekannte Persönlichkeiten der Geschichte hatten die Angewohnheit, ein Tagebuch zu führen. Von Albert Einstein bis Mark Twain umfasst die Liste Namen aus verschiedenen Bereichen des Lebens. Die Praxis war in der Antike populärer, wird aber immer noch von einer bedeutenden Anzahl von Menschen umgesetzt.

Wenn Sie einmal angefangen haben, ein Tagebuch zu schreiben, bleibt es nicht nur eine Aufzeichnung der Ereignisse, die im Laufe des Tages stattgefunden haben. Allmählich beginnen Sie, über eine tiefere Bedeutung dieser Ereignisse nachzudenken. Sie erkennen Muster und werden sich Ihrer Persönlichkeit bewusster.

Daher führt das Tagebuchschreiben auch zur persönlichen Entwicklung. Es macht Sie philosophischer und nachdenklicher. Eine so einfache Gewohnheit wie das tägliche Aufschreiben Ihrer Gedanken kann, wenn sie gut genutzt wird, eine drastische positive Veränderung in Ihrem Leben bewirken.

Da wir gerade über das Führen eines Tagebuchs in Bezug auf das Glücksniveau sprechen: Es ist erstaunlich, wie ein Stück Papier all Ihre negativen Gefühle absorbieren kann. Es ist, als hätten Sie ein Schloss und einen Schlüssel, um Ihre dunkle Seite zu sichern. Sie fühlen sich mehr verantwortlich für Ihr Verhalten, indem Sie die kontroversen Gedanken privat halten.

Organisiert sein

Stellen Sie sich vor, Sie kommen zu spät zur Arbeit und als Sie eine Hose zum Anziehen aussuchen, finden Sie kein passendes Hemd dazu. Oder sagen wir, Sie haben Lust auf ein bestimmtes Kleid und können es in den Haufen gewaschener Kleidung, die Sie nicht richtig sortiert haben, nicht finden. Mit einem schlechten Start in den Tag, werden Sie wahrscheinlich den ganzen Tag damit verbringen, sich zu ärgern.

Oder nehmen wir an, Sie stellen Ihre Outfits für die kommende Woche im Voraus zusammen. Sie wissen, was Sie am Montag, Dienstag und so weiter anziehen werden. Diese Kleidung liegt bereit und hängt ordentlich in Ihrem Kleiderschrank.

Der zweite Ansatz würde nicht nur Zeit sparen, sondern auch dafür sorgen, dass Sie sich jeden Morgen gerne fertig machen. Sie würden fröhlich Ihr Aussehen planen und sich dabei gut fühlen. Diese Gewohnheit würde Sie also näher an ein glücklicheres Leben bringen.

Organisiert sein bezieht sich nicht nur auf Ihre Kleidung oder Ihr Aussehen. Ein gut geplanter Zeitplan kann Sie in vielerlei Hinsicht vor Ärger bewahren. Es macht Sie effizienter bei der Bewältigung alltäglicher Angelegenheiten.

Wenn zum Beispiel eine Person um 2 Uhr nachts aufwacht und feststellt, dass sie etwas Wichtiges verpasst hat, wäre das sicherlich kein schönes Gefühl. Es gäbe eine Verlegenheit, Frustration, Schuldgefühle und so weiter. Obendrein hätte er Stunden der Produktivität verloren, was eigene Kosten verursachen würde.

Auf der anderen Seite gibt es eine Person, die sich jeden Tag einen Wecker für 8 Uhr stellt und pünktlich aufwacht. Dies würde nicht nur dazu führen, dass man sich frischer und glücklicher fühlt, sondern auch zu einer stabilen täglichen Routine führen. Ob es um die Arbeit oder berufliche Beziehungen geht, die Pünktlichkeit und Verlässlichkeit einer festen Routine machen die Dinge im Leben viel einfacher.

Frustration rührt oft von dem Gefühl her, seiner Verantwortung nicht gerecht zu werden. Jeder Mensch möchte die Erwartungen, die andere an ihn stellen, erfüllen. Aber leider sind nicht viele Menschen bereit, das Maß an Disziplin aufzubringen, das es erfordert.

Einem bekannten Sprichwort zufolge ist gut geplant halb getan. Wenn Sie glücklich leben wollen, müssen Sie zunächst ausreichend Zeit in die Planung Ihres Tagesablaufs investieren. Die Routine muss eine Mischung aus Dingen sein, die Sie glücklich machen, und den Herausforderungen, die Sie dazu bringen, im Leben besser zu werden.

Vergeben Sie mehr

Kinder können einen ernsthaften Streit haben und sich schwören, nie wieder miteinander zu reden. Aber ein paar Augenblicke später spielen sie wieder miteinander, als ob nichts passiert wäre. Vielleicht sind sie deshalb glücklicher als die Erwachsenen, die lange Zeit einen Groll gegeneinander hegen.

Mehr zu verzeihen ist ein Zeichen für eine größere Toleranzstufe. Wenn Sie in der Lage sind, Menschen leicht zu vergeben, bedeutet das, dass Sie nicht daran glauben, in der Vergangenheit zu schwelgen. Sie wollen sich mit der Realität versöhnen und vorwärts gehen.

So sind Sie von Natur aus toleranter und geduldiger im Leben. Belanglose Streitereien können Ihren Frieden nicht stören. Das macht Sie auch unerschütterlicher gegenüber Widrigkeiten.

Man sollte Menschen nicht um ihrer selbst willen verzeihen, sondern für seinen eigenen geistigen Frieden. Es hat keinen Sinn, an etwas festzuhalten, das keinen Sinn im Leben hat. Wenn Sie verbittert bleiben, werden Sie sich unglücklich fühlen und Ihre allgemeine Gesundheit beeinträchtigen.

Ein Artikel mit dem Titel "6 Ways Forgiveness Leads To A Happier You" (6 Wege, wie Vergebung zu einem glücklicheren Leben führt) gibt einige interessante Einblicke darüber, wie Vergebung mit Glück verbunden ist (Woodward, 2015). Er legt nahe, dass Sie derjenige sind, der etwas gewinnt, indem er anderen vergibt. Es ist Ihr Sieg, da Sie die Fehler oder schlechten Taten anderer in Ihrem Leben irrelevant machen.

Im Grunde genommen schließen Sie, indem Sie jemandem vergeben, ein Kapitel ab. Sie lassen nicht länger zu, dass ein einzelnes Ereignis Ihre Gedanken kontrolliert. Sie gewinnen Freiheit von so vielen negativen Emotionen.

Stärken Sie Ihren Glauben

Mit Glauben meinen wir nicht, dass Sie einer bestimmten Religion oder einem bestimmten Glaubenssatz folgen sollten. Wir wollen einfach nur vorschlagen, dass Sie nie die Hoffnung verlieren und optimistisch bleiben. Ihr Glaube wird Ihnen helfen, Schwierigkeiten zu überwinden, die sonst zu überwältigend erscheinen.

Nur positiv zu denken, reicht nicht aus, um Ihre Bedenken zu zerstreuen. Sie müssen auch fest daran glauben, dass die positiven Ergebnisse, an die Sie gedacht haben, realisiert werden. Diese Bejahung wird

Ihnen helfen, unnötigen Stress und Ängste zu vermeiden.

Der Glaube ist der erste Schritt, um etwas Großes zu erreichen. Er kann einen eher unerreichbaren Wunsch in Reichweite erscheinen lassen. Und sobald Sie anfangen, daran zu glauben, dass Sie in der Lage sind, etwas zu tun, haben Sie bereits die Hälfte der Reise zu Ihrem Ziel hinter sich.

Sie haben vielleicht schon von der kürzlich populär gewordenen Kunst der Manifestation gehört. Nicht, dass die Idee neu wäre, aber sie hat in letzter Zeit eine neue Bedeutung bekommen. Um es kurz zu beschreiben, geht es darum, etwas in die Existenz zu denken.

Eine Hauptursache für Angst ist, dass Ihr Gehirn Ihnen ständig sagt, dass etwas schiefgehen wird. Das Gefühl ist nicht rational oder basiert auf einer starken Logik. Es ist einfach eine Angst, die aus der Ungewissheit resultiert.

Wenn Sie sich also selbst versichern können, dass etwas Positives passieren wird, können Sie der Angst in hohem Maße entgegenwirken. Es ist so, als würden Sie ein unruhiges Kind beruhigen, indem Sie ihm glauben machen, dass alles gut werden wird. Betrachten Sie die Angst als einen Teil der Persönlichkeit Ihres inneren Kindes.

Einen starken Glauben zu haben, ist also in mehr als einer Hinsicht mit Glück verbunden. Er gibt Ihnen inneren Frieden und Zufriedenheit. Er bewahrt Sie davor, sich übermäßig über negative Ergebnisse zu sorgen. Und nicht zuletzt erhöht er Ihre Erfolgschancen, indem er Sie zuversichtlicher macht.

Es gibt ein Glücksgefühl bei jedem Prozess, der mit großem Glauben durchgeführt wird. Wenn Sie sehen, dass Ihr Glaube allen Widrigkeiten zum Trotz siegreich war, fühlen Sie sich noch mehr beschwingt. Der Erfolg scheint süßer zu sein und Sie fühlen sich dankbarer für Ihre Leistungen.

Hören Sie auf Ihre innere Stimme

Oftmals wissen wir im Leben sehr genau, was uns glücklicher machen würde. Eine innere Stimme sagt uns immer wieder, dass wir einen bestimmten Weg gehen sollen, aber wir sträuben uns, ihr nachzugeben. Mit der Zeit geht diese Stimme im Lärm der Außenwelt unter.

Die Welt schreibt Ihnen vor, sich auf eine bestimmte Art und Weise zu kleiden, sich nach den von anderen gesetzten Normen zu verhalten, sich an die Tradition zu halten usw. Das Überschreiten dieser festgelegten Grenzen wird oft als Verbrechen angesehen. Mit anderen Worten: Die Welt will, dass Sie ein Mitläufer und kein Anführer sind.

Große Leistungsträger hörten mehr auf ihre Gedanken und Ideen als auf andere Menschen. Wären sie nicht ihrem Instinkt gefolgt, hätten sie nichts Sinnvolles im Leben getan. Sie hätten wahrscheinlich ein sehr leidvolles Leben gehabt.

Immer mehr Menschen plädieren auch dafür, positiv mit sich selbst zu sprechen. Sich selbst ständig lächerlich zu machen oder herabzusetzen, würde Ihr Selbstwertgefühl ruinieren. Auch selbstironischer Humor ist keine besonders günstige Angewohnheit, wenn es um die langfristige psychische Gesundheit geht.

Sehen Sie, alle Lebewesen können den Ton erkennen, den Sie ihnen gegenüber anschlagen. Wenn sie mit Freundlichkeit und Liebe behandelt werden, wachsen und gedeihen sie mehr. Sie können dieses Muster bei Tieren, Pflanzen und auch bei Menschen sehen.

Aus irgendeinem Grund vergessen wir, wenn es um unser Selbst geht, die positive Wirkung, die ein paar motivierende Worte haben können. Selbstliebe und Selbstfürsorge können Ihnen helfen, zu heilen, zu strahlen und zu wachsen, genauso wie die Liebe und Fürsorge für andere Menschen oder Dinge ihnen hilft. Sie sollten immer vorsichtig sein, in welchem Ton Sie mit sich selbst sprechen.

Um sich gesünder und glücklicher zu fühlen, sollten Sie die Ideen und Gedanken in Ihrem Kopf nicht herabwürdigen. Sie können das Für und Wider diskutieren und dann entscheiden, ob Sie eine Idee weiterverfolgen oder einfach komplett verwerfen wollen. Aber so oder so, stellen Sie sicher, dass Sie Ihre Gedanken mit dem größtmöglichen Respekt behandeln.

Kurz gesagt, es wird viele Situationen im Leben geben, in denen Sie Ihre moralische Stütze sein müssen. Manche Schlachten müssen Sie alleine schlagen, ohne die Hilfe von jemandem. Achten Sie deshalb immer darauf, dass Sie einen Cheerleader in sich haben, der Ihnen immer die Daumen drückt für Ihren Erfolg.

Finden Sie ein Ventil für negative Emotionen

Manche Menschen sind von Natur aus aggressiver als andere. Manche neigen dazu, bei kleinen Unannehmlichkeiten viel zu weinen. Aber übermäßig emotional zu sein, sollte nicht gleichgesetzt werden mit einem unglücklichen Leben.

Die Lösung ist, gesunde Wege zu finden, um zu emotieren. Zum Beispiel kann eine aggressive Person einen Sport wie Boxen betreiben, der es ihr ermöglicht, ihre Wut loszulassen. Oder jemand könnte an Theaterstücken teilnehmen, um frei zu emotieren.

Negative Emotionen zu unterdrücken ist eine ungesunde Art, mit dem Problem umzugehen. Entweder gehen Sie mit Hilfe von Experten mit ihnen um oder Sie finden einen kreativen Weg, sich auszudrücken. Unerwünschten Gedanken und Gefühlen nachzuhängen, kann auf Dauer schwerwiegende Folgen haben.

Stellen Sie sich vor, was passiert, wenn Sie weiterhin Gas in einen Reifen einfüllen, auch wenn er leer ist. Irgendwann wird er explodieren. Egal wie stark das Material ist, nichts kann mehr Druck aushalten als seine Kapazität.

Das Gleiche gilt für Menschen. Es spielt keine Rolle, wie emotional stark Sie sind. Wenn Sie unbewältigte Probleme haben, wird der eventuelle Ausbruch viel schlimmer.

Manchmal reicht es schon aus, mit einem Freund oder Familienmitglied zu sprechen. Zu anderen Zeiten brauchen Menschen intensive körperliche und geistige Aktivitäten, um ihrer Frustration Luft zu machen. So oder so, sich auszudrücken, ohne mehr Ärger mit Kämpfen und Konfrontationen zu verursachen, ermöglicht es Ihnen, entspannt zu bleiben.

Entwickeln Sie einen Sinn für Humor

Sie haben vielleicht schon gehört, dass Lachen die beste Medizin ist. Sich an allem zu stoßen, was jemand anderes sagt oder tut, wird Ihnen nicht gut tun. Es wird nur Ihre geistige Gesundheit und Ihre persönlichen Beziehungen ruinieren.

Wenn Sie jede gemeine Stichelei oder abfällige Bemerkung in einen urkomischen Witz verwandeln würden, wären Sie jedermanns Lieblingsgesellschaft. Sogar Hasser würden es leid werden, Sie zu ärgern, wenn sie merken, dass Sie von ihren Bemerkungen unbeeindruckt sind. Wenn Sie sich hingegen ständig aufregen, würden die Leute Sie immer wieder sticheln, nur um ein sadistisches Vergnügen daraus zu ziehen.

Sie sollten also darauf achten, dass andere Ihre Schwächen nicht ausnutzen. Selbst wenn Sie sich über etwas zutiefst ärgern, müssen Sie es nicht vor Leuten ausdrücken, denen es egal ist. Stattdessen können Sie sich entscheiden, Ihrem Ärger/ Ihrer Frustration durch einige gesunde Mittel Luft zu machen, die wir im Text oben besprochen haben.

Ein Haustier haben

Einsamkeit ist einer der größten Gründe für die Verschlechterung der psychischen Gesundheit in diesen Tagen. Wir verstehen, dass der Vorschlag, mehr soziale Kontakte zu knüpfen, für manche Menschen zu überwältigend sein mag. Aber man muss etwas tun, um die eigenen emotionalen Bedürfnisse zu befriedigen.

Sich um ein Haustier zu kümmern, ist zweifellos eine große Verantwortung. Es beschäftigt Sie so sehr, dass Sie wenig Zeit haben, sich um unnötige Dinge zu kümmern. Doch die wohltuende Gesellschaft, die Haustiere bieten, macht diesen Aufwand mehr als wett.

Außerdem ist ein Haustier laut der Wissenschaft gut für die psychische Gesundheit. Die Idee der "Tiertherapie" gewinnt auch bei Gesundheitsdienstleistern schnell an Popularität. Experimente haben gezeigt, dass die Interaktion mit Tieren auch bei Patienten mit schweren Symptomen Stress und Ängste reduzieren kann.

Verschiedene Tiere haben unterschiedliche Auswirkungen auf den Besitzer, je nach der Art der Pflege, die sie benötigen. Ein Hund erkennt zum Beispiel die Veränderungen in Ihrer Stimmung und fungiert als echter Begleiter. Er ist auch ein extrem lustiger Spielkamerad.

Auf der anderen Seite würde ein Fisch einfach nur schwimmen und in seinem kleinen Becken hübsch aussehen. Dennoch würde sich der Besitzer um sein

Futter, die Sauberkeit des Beckens, den Schutz vor kleinen Kindern oder anderen Tieren usw. sorgen. Sie würden ihn selbstlos lieben und für ihn sorgen, als wäre er Ihr Kind.

Egal, welche Art von Haustier Sie besitzen, es gibt immer eine tiefe Verbindung, die sich nur schwer in Worte fassen lässt. Haustierliebhaber würden zustimmen, dass es ziemlich stressabbauend ist, einige Zeit mit ihren tierischen Freunden zu verbringen. Wenn Sie noch kein Haustier haben und sich einsam oder traurig fühlen, wissen Sie genau, was Sie tun müssen.

Kreativ werden

Das Hinzufügen von etwas Farbe zu Ihrer Umgebung kann eine magische Wirkung auf Ihre Stimmung haben. Schon ein kleiner bunter Gegenstand wie ein Stifthalter oder ein Fotorahmen kann Ihren Arbeitstisch aufhellen. Dennoch entscheiden wir uns für schlichte, langweilige Objekte, die unseren Arbeitsplatz noch einschüchternder erscheinen lassen.

Auch zu Hause liegt das Hauptaugenmerk auf Praktikabilität und nicht auf Kreativität. Die Wahrheit ist, dass Ihr Zuhause mit den neuesten Möbeln und Einrichtungen bereits so praktisch ist, wie es sein muss. Was Sie brauchen, ist ein bisschen Spaß, um die Dinge zu beleben.

Anstelle eines einfachen Tontopfes können Sie ihn zum Beispiel nach Belieben bemalen. Der Nutzen, den er bietet, bliebe natürlich derselbe. Aber er würde viel ästhetischer sein.

Oder, wenn Sie nicht zu viele Farben mögen, können Sie Gegenstände mit interessanten geometrischen Formen wählen. Unbewusst werden Sie sich beim Anblick dieser kreativen Kreationen glücklicher fühlen. Es gibt tonnenweise Ideen, die Sie erforschen können, um Ihr Büro und Ihr Zuhause angenehmer erscheinen zu lassen.

Die Idee ist nicht nur auf die Wohn- und Büroeinrichtung beschränkt. Kreative Entscheidungen können auch bei anderen Dingen wie Kleidung und Accessoires getroffen werden. Damit heben Sie sich nicht nur ab und geben sich eine einzigartige Identität, sondern beschäftigen sich auch mit einem sehr gesunden Hobby.

Mehr Bücher lesen

Das Lesen eines guten Buches ist besser als das Lesen von giftigen Kommentaren in sozialen Medien. Ersteres erhöht Ihr Wissen und erweitert Ihren Wortschatz. Letzteres verstärkt nur die negativen Emotionen.

In Bezug auf die Steigerung des Glücksgefühls ist das Lesen von fiktionalen Inhalten im Vergleich zu Sachbüchern vorzuziehen. Dies könnte eine Komödie, eine Romanze, Horror oder ein anderes Genre sein, das Sie mögen. Schließlich würden Sie sich viel glücklicher fühlen, wenn Sie über eine fiktive Erfolgsgeschichte lesen, als wenn Sie den realen Bericht über die Ermordung von jemandem lesen.

Das Lesen von Belletristik kann wie eine vorübergehende Flucht aus der Realität sein. Es lenkt Sie von Ihren Sorgen und stressigen Verpflichtungen ab. Man fühlt sich kurzzeitig als Teil einer anderen Welt und beginnt, sich mit den Figuren im Buch zu identifizieren.

Das Lesen von Büchern wurde schon immer als ein sehr gesundes Hobby gefördert. Es hat äußerst positive Auswirkungen auf Ihre geistige Gesundheit und Ihre Persönlichkeit. Mit virtuellen Bibliotheken ist es jetzt noch einfacher, die Art von Büchern zu bekommen, die Sie mögen.

Natürlich müssen Sie wieder in die Realität zurückkehren, sobald Sie das Buch schließen. Aber diese kurze Reise, die Ihr Geist beim Lesen macht, reicht aus, um Ihre Phantasie zu beleben. Das Ergebnis: Sie fühlen sich glücklicher und frischer.

Lesen wurde auch von der Forschung als ein Weg zur Steigerung des Glücks unterstützt. Einem Artikel zufolge ist die Wahrscheinlichkeit, an einer Depression zu erkranken, bei Lesern um 21 % geringer (Seales, 2016). Die unterhaltsame Aktivität bietet also sicherlich mehr als nur Unterhaltung.

Wir verstehen, dass heutzutage jeder zu beschäftigt ist, um viel auf einmal zu lesen. Es spielt keine Rolle, wie viel oder wie wenig man liest. Was zählt, ist die angenehme Erfahrung, die Sie übrigens automatisch mehr Zeit finden lässt, sobald Sie sich daran gewöhnt haben.

Holen Sie sich den Adrenalinstoß

Wissenschaftsfreaks würden wissen, dass ein Hormon namens Dopamin dafür verantwortlich ist, dass wir uns glücklich fühlen. Aber wussten Sie, dass Adrenalin eng mit Dopamin verwandt ist? Hier ist, was die Wissenschaft über Adrenalin und Glück sagt.

Adrenalin (oder Epinephrin) "kann ein Gegenmittel für Langeweile, Unwohlsein und Stagnation sein" (Bergland, 2012). Riskante Aktivitäten, die Angst verursachen, sind manchmal gut für Sie. Allerdings sollte man sich nicht für waghalsige Aktivitäten um des Adrenalinrausches willen entscheiden.

Hin und wieder brauchen Sie alle Ihre Sinne, um sich voll lebendig zu fühlen. Versuchen Sie, aus Ihrer Komfortzone herauszutreten und etwas Abenteuerliches zu tun. Solange Sie alle notwendigen Vorsichtsmaßnahmen treffen, werden Sie nur begeistert sein, wenn Sie etwas Ungewöhnliches ausprobieren.

KAPITEL 5
DIE ZUKUNFT DER WELT

Kommende Trends und die Zukunft der Welt

Im gesamten Text haben wir versucht, heilsame Lebensgewohnheiten anzuregen. Aber während wir über Duftkerzen und Waldspaziergänge sprechen, freut sich die Welt auf fliegende Autos und Weltraumreisen. Kurzum, sie entfernt sich immer weiter von den einfachen Freuden des Lebens.

Ihre Vorstellungskraft ist zweifelsohne ein sehr mächtiges Werkzeug. Die Art und Weise, wie Sie die Dinge wahrnehmen, hat einen erheblichen Einfluss auf Ihr psychisches Wohlbefinden. Allerdings kann Ihre Wahrnehmung nie völlig von der Realität entfremdet werden.

Klingt verwirrend? Lassen Sie uns versuchen, diese Logik zu vereinfachen. Sie können nicht in einem Kriegsgebiet sein und sich ruhig fühlen. Sie können nicht in der sengenden Hitze einer Wüste sein und den kühlen Wind spüren, der in den schneebedeckten Bergen weht.

Es gibt eine dünne Linie, die Euphorie und Wahnsinn voneinander trennt. Euphorie ist ein Zustand, in dem man sich unglaublich glücklich fühlt, während Wahnsinn bedeutet, dass man durch dieses Glück den

Bezug zur Realität verliert. Letzteres kann ziemlich gefährlich sein.

Das Beste, was Ihre Wahrnehmung tun kann, ist, die schwierigen Situationen erträglich zu machen. Mit mentaler Stärke kann man sich ein anderes Szenario vorstellen und so motiviert bleiben. Oder wenn man gut meditieren kann, kann man vorübergehend geistig an einen anderen Ort abdriften.

Aber Sie können den Bezug zur Realität nicht völlig verlieren. Das wäre sehr unvorteilhaft. Man muss seinen Frieden mit der Realität machen und gleichzeitig Wege finden, um glücklich zu bleiben.

Wenn Sie genau hinsehen, haben wir nirgendwo in unseren Vorschlägen erwähnt, dass Sie Ihr Leben drastisch verändern müssen. Wir haben Sie nicht darum gebeten, an einen neuen Ort zu ziehen oder Ihren Job zu wechseln. Geschweige denn, dass wir Sie um solche lebensverändernden Schritte gebeten hätten, wir haben Sie nicht einmal gebeten, verschiedene Haarfarben auszuprobieren.

Der Grund dafür ist, dass wir nicht den Eindruck erwecken wollen, dass Glück nur durch das Aufgeben Ihres bisherigen Selbst erreicht werden kann. Sie sollten alle Teile Ihrer Reise von ganzem Herzen bejahen. Selbst die Fehler, die Sie gemacht haben, waren notwendig, um Sie dem Erfolg im Leben einen Schritt näher zu bringen.

So wie wir wollen, dass Sie Ihre Vergangenheit mit Stolz annehmen, müssen wir auch die Wichtigkeit betonen, über zukünftige Trends wachsam zu sein. Sie müssen Ihre Persönlichkeit entsprechend der kommenden Ära formen.

Stellen Sie sich einen Büroangestellten vor, der sich weigert, den Umgang mit Computern zu erlernen, weil er/sie es gewohnt ist, Anweisungen manuell aufzuschreiben. Eine solche Weigerung, sich mit der Zeit weiterzuentwickeln, hätte verheerende Auswirkungen auf die eigene Karriere. Die Welt würde sich weiterentwickeln, während Sie immer noch in der Vergangenheit feststecken würden.

Wenn Sie ein Auge auf das haben, was auf Sie zukommt, sind Sie besser vorbereitet. Es gibt einige sehr offensichtliche Veränderungen in der Welt, die wir in Kürze verwirklicht sehen können. Hier sind einige Dinge, von denen wir denken, dass Sie sie im Hinterkopf behalten sollten, wenn Sie Pläne für die kommenden Jahre machen.

Erhöhte Technologie

In der Zukunft können wir eine exponentielle Zunahme der Abhängigkeit von Maschinen und Technologie sehen. Jeder Prozess wird zunehmend mechanischer werden. Wenn Sie nicht allzu technikaffin sind, dann könnte dies der richtige Zeitpunkt sein, Ihre Ansichten zu ändern.

Auf die eine oder andere Weise werden wir uns alle an technologisch fortschrittlichere Lösungen gewöhnen müssen. Das haben wir getan, als die gute alte Treppe durch Rolltreppen ersetzt wurde, Mobiltelefone die Telefonapparate ersetzten und so viele andere

Innovationen auftauchten. In Zukunft wird es aufgrund des Fortschritts in Wissenschaft und Technik weitere Fortschritte geben.

In den letzten Jahren haben wir bereits erlebt, dass Maschinen den Menschen in vielen Bereichen ersetzen. Massenproduktion, Landwirtschaft, Gesundheitswesen usw., fast alle Lebensbereiche haben sich komplett verändert. Die menschliche Beteiligung an diesen Prozessen hat abgenommen oder sich von manueller Arbeit zur Bedienung von Maschinen verändert.

Soziales Bewusstsein

Die heranwachsende Generation ist viel gesellschaftsbewusster als ihre Vorfahren. Geben wir es zu, wir waren nie so leidenschaftlich bei Themen wie Klimawandel oder Umweltverschmutzung. In Zukunft wird das Bewusstsein noch größer sein.

Daher können wir Aktivismus und Bewegungen erwarten, die auf die Lösung einiger entscheidender Fragen abzielen. Es würde mehr Druck auf die globalen Führer ausgeübt werden, um eine bessere Politik zu entwickeln. Ihr erhöhtes Bewusstsein könnte unsere Kinder zu Katalysatoren für dringend benötigte Veränderungen in der Welt werden lassen.

Da Veränderung ein unangenehmer Prozess ist, wird es auch einige Störungen geben. Zum Beispiel Streiks, Verbote, Konflikte, etc. Es ist fast so, als würde man sagen, dass die Dinge schlechter werden, bevor sie besser werden.

Aber zumindest sind wir zuversichtlich, dass wir auf dem richtigen Weg sind. Vielleicht kann die zukünftige Generation schaffen, was wir nicht konnten. Im Zuge des steigenden Bewusstseins drücken wir die Daumen und hoffen auf das Beste.

Gleichstellung der Geschlechter

Der Begriff mag für manche überstrapaziert oder sogar irrelevant klingen, aber wir sind noch weit davon entfernt, das Ziel der Gleichberechtigung der Geschlechter zu erreichen. Das beweist auch die Tatsache, dass selbst einige der fortschrittlichsten Nationen ihre erste weibliche Führungsperson noch nicht gewählt haben. Auch in anderen Bereichen ist die Situation ganz ähnlich wie in der Politik.

Allerdings arbeiten männerdominierte Gesellschaften härter als je zuvor daran, die Kluft zu überbrücken. Die Länder zeigen ernsthafte Absichten (um sicherzustellen, dass es keine Diskriminierung aufgrund des Geschlechts gibt), indem sie Gesetze erlassen und Bewusstsein verbreiten. Obwohl wir noch einen langen Weg vor uns haben, scheint der Trend recht ermutigend zu sein.

Wenn Sie sich der Probleme mit der Ungleichheit zwischen den Geschlechtern bewusst sind, mit denen die Welt in der Geschichte konfrontiert war, würden Sie sich über diese willkommene Veränderung sehr freuen. Diejenigen, die das Glück hatten, in einer Gesellschaft mit gleichen Geschlechterrollen geboren zu werden, verstehen diese Freude vielleicht nicht ganz. Oder wenn Sie sich der Geschichte nicht so gut bewusst sind, möchten Sie vielleicht mehr lernen, um diesem glücklichen Club beizutreten.

Die Wahrheit ist, dass Frauen und Transgender in der Vergangenheit nie so viele Rechte und Privilegien genossen wie Männer. Es gab unnötige Einschränkungen und unfaire Beschränkungen. Sogar Gewalt gegen "schwächere" Geschlechter war häufiger anzutreffen.

Jetzt, da weltweit mehr Geschlechter anerkannt werden, scheint dieser uralte Trend der Diskriminierung zu schwinden. Auch die Empörung, wenn jemand aufgrund seines Geschlechts ungerecht behandelt wird, ist eine positive Veränderung. Schließlich kann man etwas nicht ändern, wenn man nicht etwas daran auszusetzen hat.

Eigenständigkeit

Die Menschen werden immer selbständiger für alle ihre Bedürfnisse. Durch das Internet und die neueste Technologie ist es viel einfacher, neue Fähigkeiten und Ideen zu erlernen. Es gibt leicht verständliche Tutorials und Anleitungen in fast allen gängigen Sprachen.

Dies ist nicht nur eine interessante Aktivität, sondern auch eine großartige Möglichkeit, Ressourcen zu sparen. Da Konzepte wie Recycling und die Wiederverwendung alter Gegenstände an Popularität gewinnen, wird diese Einrichtung sogar noch relevanter. Sie können fast alles lernen, was Sie wollen, während Sie bequem zu Hause sitzen.

Abgesehen davon gibt es so viele Bildungsressourcen, die im Internet verfügbar sind. Dies hat die Notwendigkeit reduziert, Hilfe von einem Tutor oder einer älteren Person zu suchen. Auch dies hilft, Ressourcen zu sparen und lehrt die Kinder, selbst Lösungen für ihre Probleme zu finden.

Zugegeben, es ist ein tolles Gefühl, wenn man sich nicht auf andere verlassen muss. Vom Erlernen einer Fertigkeit bis zum Reparieren eines kaputten Gegenstands selbst, es gibt eine Menge Spaß an virtuellen Ressourcen. In den kommenden Jahren werden immer mehr Menschen zu DIY-Lösungen übergehen.

Das häufigere Auftreten von Naturkatastrophen

Es mag Sie überraschen, dass diese Möglichkeit zusammen mit den kommenden Trends diskutiert wird. Sicherlich ist dies weder ein Lebensstil, noch scheint es ein angenehmes Thema zu sein, wenn wir über Glück sprechen. Aber dies ist etwas, das einen starken Einfluss auf Ihren Lebensstil und Ihre geistige Gesundheit haben wird.

Wir können diese Diskussion also einfach nicht auslassen. Angesichts der globalen Erwärmung und verschiedener Umweltveränderungen, die sich schnell vollziehen, glauben Experten, dass die Welt in den kommenden Jahren mit mehreren unglücklichen Ereignissen konfrontiert werden könnte. Egal wie hart die Realität ist, wir können nicht einfach wegschauen.

Der erste Teil der Vorbereitung auf diese Veränderung besteht darin, mental stärker zu werden. Wenn wir wissen, dass unsere Herausforderungen nur noch härter werden, sollten wir an unserer mentalen Stärke arbeiten, um sicherzustellen, dass wir weniger angreifbar sind. Sie können nicht alles ändern, was auf der Welt passiert, aber Sie können zumindest einige gesunde Bewältigungsmechanismen entwickeln.

Der zweite Teil besteht darin, Ihre täglichen Gewohnheiten zu ändern, um sicherzustellen, dass Sie nicht Teil des Problems sind. Ja, viele dieser Umweltprobleme werden von den Menschen selbst verursacht. Mit anderen Worten: Die menschliche Rasse plant ihren Untergang.

Sie können kleine Schritte unternehmen, wie die Vermeidung von Plastik oder die Verwendung von Bio-Produkten, um ein verantwortungsbewussterer Bürger der Welt zu werden. Wenn Sie etwas tun, um die Auswirkungen von Umweltschäden zu verringern, werden Sie sich weniger schuldig fühlen. Indem wir die Zukunft unserer kommenden Generationen bewahren, können wir uns friedlicher und zufriedener fühlen.

Zukunftsprognosen: ein Überblick

Die Zukunft ist etwas, auf das Sie sich freuen. Die Vorstellung von morgen sollte Sie mit Staunen und Aufregung erfüllen. Es sollte Sie nicht ängstlich machen, was für eine Situation Sie morgens beim Aufwachen vorfinden werden.

Egal wie wahrscheinlich oder unwahrscheinlich ein Ereignis ist, die Wahrheit ist, dass niemand die Zukunft mit hundertprozentiger Genauigkeit vorhersagen kann. Jeder, der das behauptet, ist entweder ein Betrüger oder verfügt über irgendwelche übernatürlichen Kräfte. Für einen normalen Menschen, der versucht, Trends und Muster in den kommenden Jahren zu erkennen, wird es immer Lücken geben, wenn man die Grenzen unseres Wissens bedenkt.

Die Idee ist, gute Dinge zu erwarten, aber auch auf Widrigkeiten vorbereitet zu sein. Mit anderen Worten, auf das Beste zu hoffen und auf das Schlimmste vorbereitet zu sein. Übererregt zu sein, kann zu Enttäuschungen führen, während man, wenn man sich nicht auf die Zukunft freut, das Interesse am Leben verliert. Der Schlüssel zum Glück ist also eine maßvolle Einstellung zum Leben.

Die Bedeutung der emotionalen Gesundheit

Emotionales Wohlbefinden ist wahrscheinlich der am meisten ignorierte Aspekt der Gesundheit eines Menschen. Man hört selten, dass jemand nicht zur Arbeit gekommen ist, weil er/sie sich schlecht gefühlt hat. Dies würde wahrscheinlich von den Kollegen als faule Ausrede abgetan werden.

Aber ist es das? Nein, absolut nicht. Depressionen, Angstzustände oder andere psychische Probleme können extrem lähmend sein. In der heutigen Zeit sollte niemand mehr die Dreistigkeit besitzen, den Kampf eines Menschen mit solchen Problemen zu bagatellisieren.

Sie können sich nicht auf eine Aufgabe konzentrieren, wenn Sie geistig nicht voll da sind. Arbeit, persönliche Beziehungen, Gesundheit, alles leidet, wenn Ihr Geist nicht bei Kräften ist. Nachhaltiges Wachstum im Leben zu erwarten, aber Ihre emotionalen Bedürfnisse zu ignorieren, ist ziemlich albern und nutzlos.

Emotionale Gesundheit ist etwas anderes als die aktuelle Stimmung. Es geht nicht nur darum, wie Sie sich im gegenwärtigen Moment fühlen. Worte wie "glücklich" oder "traurig" reichen nicht aus, um das breite Spektrum des Themas zu definieren.

Ihre emotionale Gesundheit spiegelt sich auch in Ihrem Verhalten, Ihren Gedanken, Entscheidungen, Ihrer Wahrnehmung und Ihren Gefühlen wider. Sie bestimmt in hohem Maße Ihre Persönlichkeit. Sie ist eng mit Ihrer allgemeinen Gesundheit verknüpft.

Psychisch Kranke entwickeln ihre Symptome meist aufgrund von emotionalen Rückschlägen im Leben. Emotionales Leiden kann Sie geistig und auch körperlich schwächen. Sie werden vielleicht überrascht sein, welche körperlichen Auswirkungen das hat.

Hatten Sie schon einmal ein schweres Gefühl in der Brust, nur weil Sie sich traurig fühlten? Nun, dafür gibt es eine wissenschaftliche Erklärung. Hier ist, was die Experten über die Verbindung zwischen Emotionen und körperlicher Gesundheit zu sagen haben.

Emotional gesund zu sein ist ein "grundlegender Aspekt der Förderung von Widerstandsfähigkeit, Selbstbewusstsein und allgemeiner Zufriedenheit", heißt es in einem Artikel auf der Website von Healthline. Er besagt auch, dass eine gute emotionale Gesundheit nicht mit dauerhaftem Glück oder der Abwesenheit von negativen Emotionen gleichzusetzen ist. Es bedeutet einfach, dass man besser darauf vorbereitet ist, die Höhen und Tiefen des Lebens zu meistern.

Der Artikel erwähnt auch einige Indikatoren für emotionale Stabilität. Dazu gehört, dass Sie sich Ihrer eigenen negativen Emotionen bewusst sind, dass Sie erkennen, wann Sie übermäßig wertend mit sich selbst umgehen, und dass Sie neugierig sind, wenn es darum geht, Ihre Handlungen zu rationalisieren. Wenn Sie sich dabei ertappen, wie Sie versuchen, die Logik hinter einem bestimmten Gefühl zu finden, dann ist das eine gute Nachricht.

Schließlich enthält der Artikel noch einige Vorschläge zur Verbesserung der eigenen emotionalen Gesundheit. Er empfiehlt, gesunde Bewältigungsmechanismen zu entwickeln, soziale Bindungen zu stärken, Sport zu treiben, achtsam zu sein und gut zu schlafen. All diese Gewohnheiten würden Stress reduzieren und Sie ruhiger fühlen lassen.

Jedes wichtige Gesundheitsproblem hängt auf die eine oder andere Weise mit Ihrem emotionalen Wohlbefinden zusammen. Ob es sich um ein Herzleiden oder eine Art neurologische Störung handelt, die Grundursache bleibt Stress und Angst. Bevor Sie also in das Alter kommen, in dem die lebenswichtigen Organe anfangen, Ihnen das Leben schwer zu machen, arbeiten Sie daran, emotional stark zu werden, so dass der Kampf leichter erscheint.

KAPITEL 6
BERÜHMTE MENSCHEN ÜBER DAS GLÜCK

Bisher haben wir versucht, Sie über die verschiedenen Möglichkeiten, ein glücklicheres Leben zu führen, aufzuklären. Aber der größte Teil des Textes war eine allgemeine Diskussion von unserer Seite und einige wissenschaftlich fundierte Beweise. Wir haben nicht die Ansichten der Helden des wirklichen Lebens geteilt, zu denen die Menschen aufschauen.

Aus irgendeinem Grund schätzen wir einen Ratschlag mehr, wenn er von jemandem kommt, den wir bewundern. Er hat sogar noch mehr Wert, wenn diese Person etwas Wertvolles im Leben erreicht hat. Die Ansichten erscheinen auch glaubwürdiger, denn einer Person, die die Leiter zum Erfolg erklommen hat, kann man zutrauen, dass sie alle Höhen und Tiefen des Lebens recht gut kennt.

Deshalb wollen wir uns jetzt die Ansichten einiger der berühmtesten Persönlichkeiten der Geschichte ansehen. Da Glück zunimmt, wenn man es teilt, können wir uns alle eine Scheibe von ihnen abschneiden und sehen, wie diese Menschen ihr Glück gefunden haben. Wir können Ihnen schon jetzt sagen, dass diese Ansichten auch mit allem, was Sie bisher in diesem Buch gelesen haben, mitschwingen werden.

Berühmte Politiker

Politiker zu sein, ist keine leichte Aufgabe. Wenn Sie gewählt werden, sind Sie dafür verantwortlich, Entscheidungen für so viele Menschen zu treffen. Wenn nicht, bekommt man nie die Chance, sich zu beweisen.

Es ist auch ein Bereich, der einige clevere Taktiken und gewieftes Spiel erfordert. Emotionen haben in diesem Job sehr wenig zu suchen. Schauen wir uns an, wie einige Weltmarktführer Glück definiert haben.

Glück ist, wenn das, was Sie denken, das, was Sie sagen, und das, was Sie tun, im Einklang sind.

-Mahatma Gandhi

Mahatma Gandhi wird nicht nur in Indien, sondern auf der ganzen Welt von Friedensfreunden verehrt. Er war ein berühmter Politiker, der die Menschlichkeit über alles andere stellte. Seine Werte werden von seinen Bewunderern und seinen Gegnern gleichermaßen geschätzt.

Dieses Zitat (genau wie viele andere Worte der Weisheit, die er teilte) gibt uns eine wichtige Botschaft darüber, unseren Worten treu zu bleiben. Wir können keine Heuchler sein, indem wir eine Sache sagen und etwas völlig anderes tun. Unsere Gedanken, Worte und Taten sollten alle im Einklang miteinander sein.

Ein Pessimist sieht die Schwierigkeit in jeder Gelegenheit, ein Optimist sieht die Gelegenheit in jeder Schwierigkeit.

-Winston Churchill

Stellen Sie sich vor, Sie hätten eine so positive Einstellung zum Leben. Sie werden sich von allen Schwierigkeiten im Leben nicht abschrecken lassen. Wenn überhaupt, werden sie Sie nur dazu motivieren, es beim nächsten Mal noch härter zu versuchen.

Churchill führte das Vereinigte Königreich auf inspirierende Weise während des Zweiten Weltkriegs. Er wurde später auch für eine weitere Amtszeit Premierminister. So kann man seinem Wort über den Umgang mit Konflikten sicher mehr vertrauen als vielen anderen.

Groll ist wie Gift trinken und dann hoffen, dass es Ihre Feinde tötet.

-Nelson Mandela

Wer kennt ihn nicht, den Nelson Mandela? Der Mann gehörte zu den größten Verfechtern von Frieden und Gleichberechtigung in der Welt. Der ehemalige südafrikanische Präsident hat mit seinen außergewöhnlichen Führungsqualitäten die Herzen der Menschen auf der ganzen Welt gewonnen.

Erinnern Sie sich, als wir vorgeschlagen haben, verzeihender zu sein, um glücklicher zu werden? Diese Worte von Nelson Mandela wiederholen die gleiche Idee. Groll schadet Ihnen mehr als den Menschen, gegen die Sie Groll hegen.

Die altgriechische Definition von Glück war der volle Einsatz der eigenen Kräfte im Sinne der Exzellenz.

- John F. Kennedy

Glaubt man also dieser von JFK vorgestellten Definition, so liegt das Glück darin, effizient zu leben. Man sollte so hart arbeiten, wie man kann. Außerdem sollte man darauf achten, seine Fähigkeiten mit der Zeit zu verbessern.

Sport-Persönlichkeiten

Sport ist nicht nur eine Form der Unterhaltung. Für manche Menschen ist es ihr ganzes Leben. Das Spielen oder Zuschauen von Sport bringt so vielen Menschen auf der ganzen Welt Freude.

Aber zusammen mit Nervenkitzel und Aufregung verursacht es auch Schmerz und Trauer. Man kann erst dann wirklich erfolgreich sein, wenn man lernt, mit seinen Niederlagen gut umzugehen. Ein Sportler braucht viel harte Arbeit, Mut, Durchhaltevermögen und Glauben, um seine Ziele zu erreichen.

Wenn mein Verstand es sich vorstellen kann und mein Herz es glauben kann - dann kann ich es erreichen.

-*Muhammad Ali*

Muhammad Ali war nicht nur ein erstaunlicher Boxer. Er war auch außerhalb des Rings eine sehr inspirierende Persönlichkeit. Seine Worte waren immer voll von Mut und Leidenschaft.

Dieses besondere Zitat spricht Bände über sein positives Denken. Sie müssen den Erfolg wahrnehmen, bevor Sie ihn erreichen können. Sobald Sie anfangen, positiv zu denken, wird alles andere automatisch an seinen Platz fallen.

Sich Sorgen zu machen, bringt Sie nicht weiter.

-*Usain Bolt*

Was erreichen wir, wenn wir uns Sorgen machen? Überhaupt nichts. Wir könnten dieser Aussage von Usain Bolt nicht mehr zustimmen.

Bolt ist einer der schnellsten Athleten der jüngeren Geschichte. Er sagt, er zweifelt nie an sich selbst und kennt seine Fähigkeiten. Dieser starke Glaube an sich selbst hat ihm in seiner Karriere eine immense Menge an Erfolg gebracht.

"Ich habe in meiner Karriere mehr als 9.000 Schüsse verschossen. Ich habe fast 300 Spiele verloren. Sechsundzwanzig Mal wurde mir zugetraut, den spielentscheidenden Schuss zu machen, und ich habe versagt. Ich habe immer und immer wieder in meinem Leben versagt. Und das ist der Grund, warum ich erfolgreich bin."

-*Michael Jordan*

Versuchen Sie es einfach immer wieder. Es gibt keinen Grund, dass sich der Erfolg nicht irgendwann einstellen wird. Sie müssen nur Ihren Glauben stark halten.

Jordans Beschreibung inspiriert Sie dazu, es wenigstens noch einmal zu versuchen. Sein Erfolg spricht Bände über seine Entschlossenheit. Wir sollten also einfach stolz auf uns sein, dass wir niemals aufgeben, und das allein wird uns glücklicher über das Leben machen.

"Glaube einfach an dich selbst. Auch wenn Sie nicht so tun, als ob Sie es täten, und irgendwann werden Sie es tun."

-Venus Williams

Beide Williams-Schwestern haben ihre Art von Erfolg in der Welt des Tennis genossen. Während Serena mehr Erfolge genossen hat, hat Venus hart dafür gekämpft, sich einen eigenen Namen zu machen. Das ist wahrscheinlich der Grund, warum ihre Worte so viel Weisheit enthalten.

Wenn die Sorge überhandnimmt, versuchen Sie, sich mit positiven Gedanken zu beruhigen. Glauben Sie daran, dass alles irgendwann in Ordnung sein wird. Dies wird Sie ruhiger und stressfrei halten.

Prominente und Unterhaltungspersönlichkeiten

Die glitzernde Welt des Glamours hat ihre Herausforderungen. Es gibt Konkurrenz, Stress und den Druck, die ganze Zeit in der Öffentlichkeit zu stehen. Man muss die Nerven behalten und verschiedene Dinge ausprobieren, um sich wirklich glücklich zu fühlen.

Ich bin mein eigenes Experiment. Ich bin mein eigenes Kunstwerk.

-Madonna

Madonna ist eine wilde Dame aus der Unterhaltungsbranche. Mit Millionen von Fans auf der ganzen Welt, die Sängerin nie versagt zu beeindrucken. Ob es ihre Musik oder ihre mutigen Worte sind, sie hat eine einzigartige Art, Herzen zu gewinnen.

Kreative Menschen sehen Glück ganz anders. Sie sind stolz auf ihre Arbeit und fühlen sich glücklich, wenn sie gewürdigt wird. Es ist der größte Traum eines jeden kreativen Künstlers, dass die Menschen die Arbeit, die sie so leidenschaftlich gemacht haben, lieben würden.

Ich bin nicht an Geld interessiert. Ich möchte einfach nur wunderbar sein.

-Marilyn Monroe

Hier ist eine weitere erfolgreiche Person, die uns sagt, dass persönliches Wachstum und Gefühle mehr zählen als materielle Gewinne. Glück kann man nicht erreichen, indem man Geld oder Ruhm hinterherläuft. Sie werden Glück finden, wenn Sie das tun, was Sie lieben.

Das Leben ist eine Tragödie, wenn man es aus der Nähe betrachtet, aber eine Komödie in der Totalen.

-Charlie Chaplin

Humor wird Sie durch viele schwierige Dinge im Leben bringen. Er macht die Situation leichter und hält Sie auf lange Sicht glücklicher. Charlie Chaplin hat uns das auch gelehrt.

SCHLUSSFOLGERUNG

Am Ende müssen wir noch einmal wiederholen, dass das Leben von Ihnen verlangt, das Glück für sich selbst zu finden. Ihr Komfort, Ihre Leidenschaft, Ihre Wünsche und alles andere, was für Sie notwendig ist, um sich glücklich zu fühlen, zählt am meisten. Mehr als das Leben zu verstehen, versuchen Sie, sich darauf zu konzentrieren, es zu genießen.

Das Problem ist, dass wir die Bedeutung von allem im Leben entschlüsseln wollen. Aber die Wahrheit ist, dass wir nicht alles wissen sollen. Bestimmte Geheimnisse sollen ungelöst bleiben.

Sie können zum Beispiel nicht vorhersagen, wie lange eine Person leben wird oder was mit ihr nach dem Tod passiert. Sie können nicht wissen, wie das Wetter am gleichen Datum im nächsten Jahr sein wird. Kurz gesagt, Sie werden nie alle Antworten auf das Leben haben.

Außerdem wollen wir allen anderen immer einen Schritt voraus sein. Wenn nicht ein anderer Mensch, dann versuchen wir, mit der Natur zu konkurrieren, indem wir die Zeit besiegen. Wir vergessen einfach, dass das Leben kein Wettlauf mit anderen ist, sondern eine einzigartige eigene Reise.

Weitsichtig zu sein ist eine gute Sache. Es lässt Sie effizienter planen. Aber zu neugierig auf die Zukunft zu sein, lässt Sie nicht den gegenwärtigen Moment genießen.

In ähnlicher Weise ist der Wunsch, sich mehr Wissen anzueignen, eine der besten Eigenschaften, die ein Mensch haben kann. Übermäßig neugierig zu sein, verursacht jedoch Stress und Sorgen. Die Idee ist, niemals über Bord zu gehen oder von einem bestimmten Konzept besessen zu werden.

Es gibt einen großen Unterschied zwischen der Theorie und dem praktischen Leben. Die Theorie würde Ihnen einfach sagen, dass Sie "glücklich bleiben" sollen. Das praktische Leben würde Sie erkennen lassen, wie schwer dieses Ziel ist.

Das Lesen einer Anleitung ist viel einfacher als das Ausführen einer Handlung. Egal wie klar die Anweisungen sind, etwas zum ersten Mal zu tun, hat seine Herausforderungen. Ironischerweise ist in Bezug auf das Leben die erste Chance auch unsere letzte Chance.

Der Gedanke an die letzte Chance, etwas zu tun, erfüllt einen oft mit Befürchtungen und Ängsten. Man will es nicht vermasseln. Man vergisst alles andere und versucht, sein Bestes zu geben.

Während wir versuchen, uns auf die Tatsache zu konzentrieren, dass dies unsere letzte Chance ist, vergessen wir oft, dass es auch unsere erste ist. Wir weigern uns, uns den Spielraum für Fehler zu geben, der normalerweise für erste Versuche erlaubt ist. Aber denken Sie daran, es ist in Ordnung, nicht perfekt zu sein bei etwas, das Sie zum ersten Mal versuchen.

Von der Geburt bis zum Tod ist das Leben eine Sache von Versuch und Irrtum. Wenn wir zulassen, dass Misserfolge unser Vertrauen zerstören, werden wir niemals in der Lage sein, wahres Glück zu erlangen. Wenn wir diese Tatsache erst einmal verinnerlicht haben, wird es leichter sein, die Niederlagen zu verdauen, die wir erleben.

Elbert Hubbard schlug einmal vor, das Leben nicht zu ernst zu nehmen, da es sowieso niemand lebend übersteht. Und wir konnten nicht anders, als zuzustimmen, wie wahnsinnig treffend dies ist. Wenn man weiß, dass man nur eine begrenzte Zeit auf diesem Planeten hat, warum nicht versuchen, sie gut zu nutzen und glücklich zu sein?

Warten Sie zur Abwechslung mal nicht auf bessere Zeiten und leben Sie jeden Moment so, als wäre er der perfekteste. Behandeln Sie ihn als eine einmalige Gelegenheit, etwas Neues zu erleben. Vergessen Sie die Konsequenzen oder die Angst, einen Fehler zu machen.

Frei zu leben wird Ihnen Glück bringen. Wenn Sie gerne ausgehen, gibt es so viele verschiedene Orte, die Sie erkunden können. Wenn Sie lieber drinnen bleiben, können Sie sich eine eigene kleine Welt in Ihrem Haus schaffen.

Das Universum hält für jeden etwas bereit. Wir verderben unser Glück, indem wir zu viel über alles nachdenken. Wir hoffen, dass Sie nach der Lektüre dieses Buches versuchen, es einfach zu halten und es schaffen, das wahre Glück zu finden.

REFERENZEN

Anderson, L. (2019). Coorie: Was Sie über den schottischen Lifestyle-Trend wissen müssen. SD Publishing.

Australiens Lebensstil und Kultur - Tourism Australia. (n.d.). Abgerufen am 23. Januar 2021, von https://www.australia.com/en/facts-and-planning/about-australia/the-aussie-way-of-life.html

Bakken, S. (2020). Friluftsliv: Alles, was Sie über den nordischen Lebensstil von Friluftsliv wissen müssen. SD Publishing.

Bergland, C. (2012, 29. November). Die Neurochemikalien des Glücklichseins. Abgerufen am 24. Januar 2021, von https://www.psychologytoday.com/us/blog/the-athletes-way/201211/the-neurochemicals-happiness

Bloom, L. B. (2020, Oktober 29). Ranked: The 20 Happiest Countries In The World. Abgerufen am 23. Januar 2021, von https://www.forbes.com/sites/laurabegleybloom/2020/03/20/ranked-20-happiest-countries-2020/#:~:text=The%20U.S.%20ranked%20number%2018,the%20first%20World%20Happiness%20Report.

Commisceo Global Consulting Ltd. (2020, 1. Januar) Australien - Sprache, Kultur, Bräuche und Umgangsformen. Abgerufen von https://commisceo-global.com/resources/country-guides/Australia-guide

Conci, P. (2019, Januar 16). Why Are Latin Americans Happier than Their GDP Would Suggest? Abgerufen am 23. Januar 2021, von https://blogs.iadb.org/ideas-matter/en/latin-americans-happier-gdp-suggest/

Zukünftige Lebensstile in Europa und in den Vereinigten Staaten im Jahr 2020. (2013, Dezember). Abgerufen am 24. Januar 2021, von https://espas.secure.europarl.europa.eu/orbis/sites/default/files/generated/document/en/10%20EFFLA%20Study%20-%20Tikka%20-%20Wevolve%20-%20Life%20styles.pdf

Urlaub, R. (2016). Daily Stoic: 366 Meditationen über Selbstbeherrschung, Ausdauer und Weisheit: Featuring New Translations of Seneca, Marcus Aurelius and Epictetus. Penguin Publishing Group.

Jansen, T. (2020). Cocooning Lifestyle: Glückliche und sichere Zeiten zu Hause genießen. BN Publishing.

Jansen, T. (2020). *Niksen: The Power of Doing Nothing*. SD Publishing.

King, L. (2019, August 10). Why Being Kind Is the Key to Being Happy. Abgerufen am 24. Januar 2021, von https://medium.com/mindset-matters/why-being-kind-is-the-key-to-being-happy-d9ae760906

Kogan, N. (n.d.). Die Magie einer guten Nachtruhe. Abgerufen am 24. Januar 2021, von https://www.happier.com/blog/the-magic-of-sleep/

Lamothe, C. (2019, June 14). How to Build Good Emotional Health (1164345683 873859730 T. J. Legg, Ed.). Retrieved January 24, 2021, from https://www.healthline.com/health/emotional-health.

Oaklander, M. (n.d.). Wissenschaft sagt, dass Ihr Haustier gut für Ihre psychische Gesundheit ist. Abgerufen am 24. Januar 2021, von https://time.com/collection/guide-to-happiness/4728315/science-says-pet-good-for-mental-health/

Pobjie, B. (2017, April 27). Die 10 wichtigsten australischen Werte, die Australien so wertvoll machen. Abgerufen am 23. Januar 2021, von https://www.abc.net.au/news/2017-04-28/these-are-our-core-australian-values/8476902

Popcorn, F. (1992). *Der Popcorn-Bericht*. Milsons Point, New South Wales: Random House Australia.

Preidt, R. (2019, April 11). Science Says: Smiling Helps You Get Happy. Abgerufen am 24. Januar 2021, von https://www.webmd.com/mental-health/news/20190411/science-says-smiling-helps-you-get-happy#:~:text=The%20researchers'%20conclusion%3A%20Facial%20expressions,in%20the%20journal%20Psychological%20Bulletin.

Reynolds, G. (2018, Mai 02). Even a Little Exercise Might Make Us Happier. Abgerufen am 13. Januar 2021, von https://www.nytimes.com/2018/05/02/well/move/even-a-little-exercise-might-make-us-happier.html#:~:t ext=Small%20amounts%20of%20exercise%20could,of%20exercise%20may%20be%20helpful.

Seales, J. (2016, November 23). 10 Reasons Reading Makes You Feel Happier, In Case You Need Another Excuse To Buy Books. Abgerufen am 24. Januar 2021, von https://www.bustle.com/articles/194838-10-reasons-reading-makes-you-feel-happier-in-case-you-need-another-excuse-to-buy-books#:~:text=Books%20Can%20Open%20Your%20Mind,Journal%20of%20Applied%20Social%20Psychology.

Sheikh, A. (2020, 23. März). Pakistan ist das glücklichste Land in Südasien. Abgerufen am 24. Januar 2021, von https://pk.mashable.com/pakistan/2062/pakistan-is-the-happiest-country-in-south-asia

Telford, O. (2017). Hygge: Die dänische Kunst des Glücks entdecken - wie man gemütlich lebt und die einfachen Freuden des Lebens genießt. Olivia Telford.

Woodward, C. (2015, 19. Mai). 6 Ways Forgiveness Leads To A Happier You. Abgerufen am 24. Januar 2021 von https://wallstreetinsanity.com/6-ways-forgiveness-leads-to-a-happier-you/#:~:text=Vergebung%20bedeutet%20dass%20Sie%20gewinnen%20%E2%80%94%20ja,Sie%20sind%20der%20letzte%20Gewinner.

WEITERE BÜCHER VON SOFIE BAKKEN

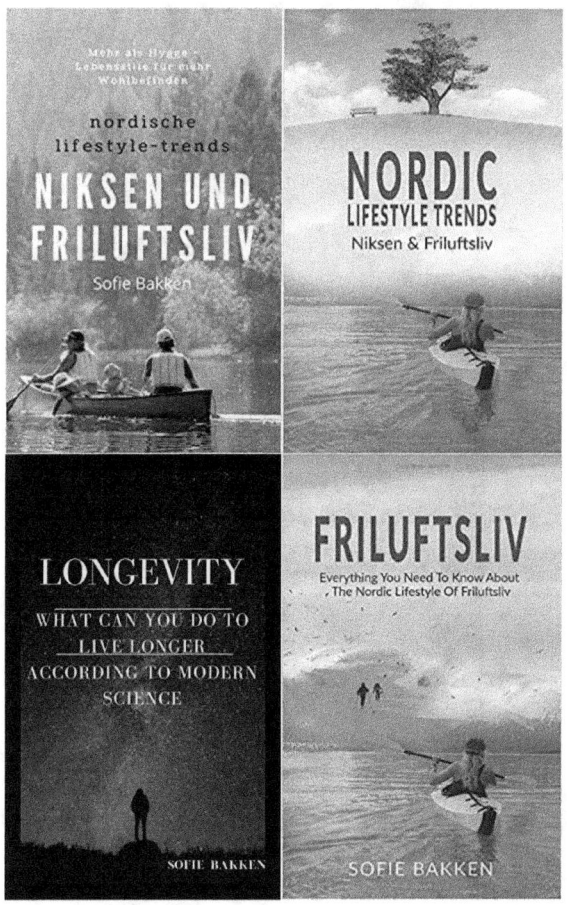

ÜBER SOFIE BAKKEN

Sofie ist verheiratet und hat zwei Kinder. Sie lebt mit ihrer Familie in Europa. In den letzten Jahren hat sie sich immer mehr dafür interessiert, ihr Leben zu entstreßen und ihre Lebensqualität zu verbessern. Dabei stieß sie auf einige nordisch-europäische Lebensstile, die sie gründlich untersuchte. Ihre Studien führten sie auch zu dem Thema Langlebigkeit. Sie genießt ihre Familie, die Natur sowie das Kochen und Malen.

Sofiebakken.com

www.ingramcontent.com/pod-product-compliance
Lightning Source LLC
LaVergne TN
LVHW011707060526
838200LV00051B/2794